LILI PAUL-RONCALLI wurde 1998 in München geboren und wuchs mit zwei Geschwistern und Ihren Eltern, Zirkusdirektor Bernhard Paul und Eliana Larible-Paul, in der glitzernden Welt des weltberühmten Circus -Theater Roncalli auf. Lili stand schon als Kind in der Manege und legte dort den Grundstein für ihre Karriere als Kontorsionistin (Schlangenmensch). Heute ist sie erfolgreiche Artistin, Model, Autorin und TV-Star, die 2020 gemeinsam mit Ihrem Tanzpartner Massimo Sinató die RTL-Show »Let's Dance« gewann.

ROSA SCHWARZ war als Kind selbst in einem Kinderzirkus und hat als Artistin in der Manege gestanden. Ihre Liebe zum Zirkus entflammte 1982 nach einem Besuch im Circus Roncalli. Seitdem hat sie kein Programm des legendären Zirkus verpasst. Rosa Schwarz ist mit der Familie Paul eng verbunden und kennt Lili Paul-Roncalli seit ihrer Geburt.

LILI PAUL-RONCALLI

und

ROSA SCHWARZ

MANEGE FREI
für Lili

VERLAG FRIEDRICH OETINGER · HAMBURG

Originalausgabe

1. Auflage

© 2022 Verlag Friedrich Oetinger GmbH,

Max-Brauer-Allee 34, 22765 Hamburg

Alle Rechte vorbehalten

© Text: Lili Paul-Roncalli und Rosa Schwarz 2022

© Coverfoto: Nadine Wuchenauer 2022

© Covergestaltung: unter Mitarbeit

von Steffen Meier 2022

© für die Fotos des Innenteils: siehe

Bildnachweis am Ende des Buches

Druck und Bindung: GGP Media GmbH,

Karl-Marx-Straße 24, 07381 Pößneck, Deutschland

Printed 2022

ISBN 978-3-7512-0179-7

www.oetinger.de

Inhalt

Vorwort

Hallo, ihr Lieben,

ich freue mich, dass ihr mein Buch aufschlagt. Ihr kennt mich vielleicht aus dem Fernsehen oder der Manege des Circus-Theater Roncalli – aber hier lernt ihr mich ganz ohne Glitzer und völlig ungeschminkt kennen. Das eine ist nämlich das Leben im Rampenlicht und das andere ist das Leben dahinter, das wirklich echte Leben. Das Leben hinter den Scheinwerfern. Ich möchte euch von großen Glücksmomenten, Schwierigkeiten, Entscheidungen und Ängsten erzählen und was mir geholfen hat, meinen Weg zu finden. Ich möchte euch erzählen, warum mir Familie, Freunde und ein gutes Team so wichtig sind. Und was mich meine Kindheit im Zirkus gelehrt hat.

Ich hatte das Glück, eine große Schwester und einen großen Bruder zu haben. In vielen Dingen konnte ich ihnen folgen und von ihren Erfolgen und aus ihren Fehlern lernen. So hatte ich es manchmal leichter, weil der Pfad für mich schon ein wenig ausgetrampelt war. Ich würde mich freuen, wenn ich dasselbe als große Schwester für euch tun könnte. Wenn ihr aus dem, was ich erlebt habe, etwas für euer Leben mitnehmen könnt. Und natürlich hoffe ich, dass ihr Spaß am Lesen habt. Ich hatte da nämlich so meine Schwierigkeiten. Ich bin Legasthenikerin. Lesen und ohne Fehler zu schreiben, hat mir echt Mühe bereitet. Ich musste das wie eine neue Zirkusnummer angehen: mit viel positiver Energie und ordentlich Disziplin. Das habe ich nämlich im Circus-Theater Roncalli gelernt: Grenzen zu überwinden und über sich hinauszuwachsen. Aber lest selbst.

Ganz viel Spaß,
eure

ICH BIN EIN ZIRKUSKIND

Meine Familie stammt aus Italien und Österreich, geboren wurde ich in München, unser Haus steht in Köln – aber mein Zuhause ist der Zirkus. Genau genommen: der Circus Roncalli, den mein Papa vor über 40 Jahren gegründet hat. Die Welt meiner Kindheit lag hinter dem rot-weißen Zirkuszaun mit den goldenen Kugeln, und mein Spielplatz war die Manege – ganz egal, in welcher Stadt, in welchem Land wir uns gerade befanden.

Dabei hätte es auch völlig anders kommen können. Mein Papa Bernhard kommt nämlich gar nicht aus einer Zirkusfamilie. Meine Großeltern waren ganz normale Leute, die in einer Wohnung in St. Pölten lebten, einem Städtchen in der Nähe von Wien, in Österreich. Mein Papa war ein sehr kreatives Kind. Er zeichnete, baute, bastelte. Zudem hatte er feuerrote

Haare. All das machte ihn zu etwas Besonderem. Und besonders zu sein, heißt auch, anders zu sein. Ich glaube, mein Papa fühlte sich mit seinen Talenten und seinem Aussehen immer etwas fremd in diesem Städtchen – bis eines Tages ein kleiner Zirkus anreiste. Als er die glitzernden Kostüme sah, die Pferde mit dem Federschmuck, Feuerspucker, Jongleure, Schlangenfrauen – da war er wie elektrisiert. Das war eine andere, fremde Welt. Sie war bunt, schillernd, aufregend. Uns Kindern hat er hunderte Male von dem Moment erzählt, als die Clowns mit ihren großen Schuhen und den roten Nasen die Manege betraten. Die waren komplett anders – aber sie scherten sich nicht darum. Die wollten gar nicht sein wie die Menschen um sie herum. Das war der Moment, an dem mein Papa beschloss: Ich werde Clown und gründe einen eigenen Zirkus.

Als der Zirkus nach einer Woche wieder abreiste, war er unendlich traurig. Immer wieder lief er zu der Festwiese und stand allein an dem Kreis aus Sägespänen, der mit dem jedem Tag mehr verblasste. Ich denke, von dem Moment an wollte er nie mehr von einem Zirkus zurückgelassen werden. Und so verfolgte er seinen Traum und schuf den Circus Roncalli. Ein Zirkus, der genauso aussah, wie er ihn sich in seinen kühnsten Kindheitsträumen ausgemalt hatte – und vielleicht sogar noch ein bisschen schöner. Mein Papa, der Grafik studierte, wollte übrigens, dass man seinen Circus Roncalli mit »C« schreibt. Erstens, weil es schöner aussieht, und zweitens, weil es internationaler ist.

Bei meiner Mama ist es ganz anders. Sie stammt aus einer der alten italienischen Zirkusfamilien. Alle – Cousins, Cousinen, Tanten, Onkel, Geschwister – sind seit acht Generationen Artisten und Artistinnen. Meine italienischen Verwandten sind überall auf der Welt verstreut und arbeiten als Hochseilartisten, Trapezkünstler, Akrobaten, Dompteure oder Clowns. Meine Mama ist im Wohnwagen groß geworden und hatte schon als Kind halb Europa bereist.

Getroffen hatten sich meine Eltern dann – wie sollte es anders sein – im Zirkus Krone. Dort waren meine Mama und ihre Familie damals engagiert. Zu dieser Zeit performte meine Mama eine Säbel-Balance. Ihre langen schwarzen Haare reichten ihr bis zum Po, und sie sah wunderschön aus.

Mein Papa sagt immer, dass er auf der Stelle verliebt war. Er hat damals zu einem Freund gesagt, der mit ihm die Vorstellung anguckte: »Die heirate ich mal.« Und wie man sieht: Er hat es geschafft. Wenn mein Papa sich mit seinem Dickkopf etwas vornimmt, dann klappt das auch.

Es waren völlig gegensätzliche Welten, die sich da begegneten – die sich jedoch bis heute super ergänzen: Meine Mama weiß alles über das Traditionelle vom Zirkus, und mein Papa steht für das Neue, das Innovative.

Das Lustige ist: Zu Beginn konnten die beiden kein Wort miteinander sprechen. Damals konnte mein Papa nur Deutsch und Englisch – und meine Mama sprach Italienisch, Spanisch und Französisch.

Mein Papa hat meine Mama dann trotzdem einfach mitgenommen – vom Zirkus Krone zum Circus Roncalli. Ich glaube, diese Mischung, die die beiden mit sich bringen, macht den Circus Roncalli zu etwas ganz Besonderem und auch zu einem echten Zuhause für alle Menschen, die dort arbeiten. Es gibt viele Artisten, die uns nach Jahren besuchen kommen und sagen, dass sie sich nirgends so wohl gefühlt haben wie bei uns, im Circus Roncalli. Meine Mama mit dem Background dieser riesigen Zirkusfamilie kann allen Menschen ein besonderes, familiäres Gefühl vermitteln. Dieses Sich-zu-Hause-Fühlen. Mein Papa steht, wie gesagt, mehr für die Erneuerungen, für schräge Ideen und mutige Änderungen. Er macht vieles anders als im herkömmlichen Zirkus – und das ist, wie sich immer wieder gezeigt hat, der absolut richtige Weg.

Und weil meine Eltern den Zirkus und das Zirkusleben nun einmal so sehr lieben, war es auch überhaupt keine Frage, dass meine Geschwister und ich im Zirkus aufwachsen.

Darüber bin ich sehr, sehr froh, denn ich kann mir keine bessere Kindheit vorstellen. Dabei ist mir als kleines Mädchen gar nicht bewusst gewesen, wie anders unsere Welt eigentlich war. Zum Beispiel war es für mich ganz normal, dass mein Papa zum Mittagessen oder Kaffeetrinken mit bunt geschminktem Gesicht erschien, weil er ja gleich wieder in die Manege musste. Besonders komisch war es, wenn er sich mal über etwas aufregte oder mit uns Kindern schimpfte (was nicht oft vorkam). Er saß dann mit runder, roter Clownsnase vor uns, haute mit der Hand auf den Tisch und sagte mit strenger Miene: »Es reicht.« Wir Kinder konnten dann einfach nicht ernst bleiben. Ganz besonders ich.

Meine Mutter sagt oft, dass keines von uns Kindern Papa so gut um den Finger wickeln konnte wie ich. Vielleicht, weil ich denselben Dickkopf habe wie er?

Auch sonst ist es bei uns im Zirkus nie langweilig. Es ist immer etwas los. Wir Zirkusleute sind ein wilder, bunt gemischter Haufen. So ein Zirkusplatz ist wie ein Dorf – nur dass hier unzählige Nationalitäten dicht an dicht in den Wohnwagen leben, Menschen verschiedener Religionen, Alte, Junge, Kinder. Es herrscht immer ein Sprachengewirr. Für Vorurteile ist da wenig Platz. Wir haben auch schlichtweg keine Zeit dazu, uns Gedanken darüber zu machen, wer warum wie isst oder spricht oder wie die jeweiligen Menschen zusammenleben. Auch wer wen liebt, interessiert niemanden. Kein Zirkuskind wundert sich, wenn Männer sich schminken oder glitzernde Kostüme tragen. Wir hatten unter unseren Artisten oft zwei Männer oder zwei Frauen, die ein Paar waren. Ich fand das ganz normal, wenn die sich küssten oder umarmten. Meine Eltern haben immer gesagt: »Wo die Liebe hinfällt. Es ist total wurscht. Hauptsache, die Menschen sind glücklich.« Damit war die Sache gegessen. Erst viel später, so mit siebzehn, achtzehn Jahren habe ich gemerkt, was für eine Feindlichkeit da draußen, außerhalb der Zirkuswelt, gegen manche Menschen herrscht. Das war für mich schockierend, und ich dachte, das kann doch nicht wahr sein! So sieht es da draußen aus? Ich kannte solche Vorurteile nicht, denn bei uns zählt einzig und allein, ob du ein guter Artist bist und wie du dich ins Team einbringst. Der Rest ist komplett uninteressant. Dieses Verständnis von »das ist normal« existiert in der Welt des Zirkus nicht. Genauso wenig wie die Nationalität. Es ist egal, was für einen Pass du hast oder woran du glaubst. Für uns steht an erster Stelle, dass wir uns aufeinander verlassen können. Viele von uns riskieren jeden Tag ihr Leben. Eine Unaufmerksamkeit, nur ein kleiner Fehler, kann eine katastrophale Konsequenz haben.

Darum lernen wir von Anfang an, wie wichtig der Respekt vor der Arbeit jedes Einzelnen ist: Ohne Unterstützung der Beleuchter, Musiker, Requisiteure könnte ich nicht auftreten. Alle sind wichtig, damit am Ende eine perfekte Show herauskommt.

Nun riskiere ich bei meiner Darbietung als Schlangenfrau nicht mein Leben, aber die Rollschuhnummer, die ich mit meinen Geschwistern mache, ist wirklich gefährlich. Wenn mein Bruder mich nicht hält und ich bei vollem Tempo stürze, dann könnte das fatale Folgen haben. Oder meine Schwester! Sie arbeitet in acht Metern Höhe am Luft-Ring. Unser Chefrequisiteur Peter bedient den Motor, der sie hoch- und runterzieht. Macht er einen Fehler – puh, darüber möchte ich gar nicht nachdenken! Darum geht das Team über alles, und ich bin sehr, sehr dankbar, dass ich das von Anfang an gelernt habe.

Und es gibt noch etwas, das ich am Zirkusleben sehr schätze: Alle lieben, was sie tun. Warum sonst geben wir Shows in einem brütend heißen Zelt? Oben, unter der Plane sind es im Sommer manchmal 50 Grad! Oder im Winter, wenn es so kalt ist, dass uns die Wasserleitungen einfrieren und wir kein Wasser im Wohnwagen haben. Der Weg von der Garderobe bis zum Zelt ist dann eisig. Trotzdem geben wir immer hundert Prozent, denn jede Show muss perfekt sein.

Wie sehr wir alle unser Zirkusleben lieben, habe ich oft erlebt, wenn ich mit meiner Familie einen anderen Zirkus besucht habe, der in der Nähe gastierte. Plötzlich standen wir dort Roncalli-Artisten gegenüber, die sich ebenfalls die Show ansehen wollten. Mein Papa hat dann immer gesagt: »Habt ihr jemals gesehen, dass Fabrikarbeiter hundert Kilometer fahren, nur um sich eine andere Fabrik anzugucken? Ganz sicher nicht.«

Ja, wir Zirkusleute sind ein besonderer, bunter Haufen – darum begann mein Leben vielleicht auch schon ziemlich turbulent.

MEIN START
INS LEBEN

Zehn Tage vor meinem Geburtstermin war die Premiere eines neuen Programms im Apollo-Varieté. Dieses Zirkus-Theater in Düsseldorf gehört zum Circus Roncalli. Meine Mama kannte dort einige Artisten und wollte sich die Show gern ansehen. Meine Schwester Vivi und mein Bruder Adri konnten natürlich nicht mitkommen. Sie waren damals neun und acht Jahre alt und mussten am nächsten Morgen in die Schule. Darum passte ein Babysitter auf sie auf. Als meine Mama spätabends von der Premiere nach Hause zurückkehrte, war Vivi noch wach und in Tränen aufgelöst. Der Babysitter war offensichtlich sehr streng gewesen. Darüber hat sich meine Mama mit ihrem echt italienischen Temperament so sehr aufgeregt, dass die Wehen eingesetzt haben! Mein Papa hat sofort unseren Arzt in München angerufen – denn da sollte ich zur Welt kommen. Da die Wehen zum Morgen hin etwas nachließen und nur sehr unregelmäßig kamen, sagte der Arzt, meine Mama solle sofort nach München kommen.

Nun hatte mein Vater aber an diesem Tag die Präsentation seiner ersten eigenen Zirkus-Parfüm-Kreation. Es war ein besonderer Flakon mit einer kleinen Artisten-Figur, die er selbst entworfen hatte. Auch den Blütenduft hatte er eigens in einer spanischen Manufaktur zusammengestellt. Für die Präsentation des Parfüms wurden rund hundert Journalisten im Zirkuszelt erwartet. Mein Papa sagte zu meiner Mama: »Elli, ich kann die Leute da nicht einfach stehen lassen. Flieg du nach München, ich gebe dir jemanden zur Begleitung mit, dann komme ich nach.«

Also ist meine Mama ohne meinen Papa nach München geflogen. Begeistert war sie natürlich nicht. Als sie dann im Krankenhaus ankam, wurde sie auf einen Stuhl in den Gang gesetzt. Es sollte zwar eigentlich gleich losgehen, aber dann gab es einen Notfall nach dem anderen, und meine arme Mama wartete Stunde um Stunde. Weder mein Papa erschien, noch kam sie endlich an die Reihe. Irgendwann ist ihr der Kragen geplatzt und sie hat einen zweiten italienischen Wutanfall bekommen – und siehe da, plötzlich ging alles ganz schnell – und schwupps, kam ich auf die Welt. So schnell, dass es mein Papa nicht mehr pünktlich zu meiner Geburt geschafft hat.

Wahrscheinlich habe ich damals, mit dem ersten Atemzug schon gelernt: Wir leben für den Zirkus – nimm dich mal selbst nicht so wichtig. Keine schlechte Lektion, finde ich.

Übrigens: Mit meinem Namen folgten meine Eltern dann einer kleinen Familien-Zirkustradition: Meine Mutter heißt nämlich richtig Eliana, meine Schwester Vivian – und ich Lilian. Aber jeder ruft uns nur: Elli, Vivi und Lili. Mein Bruder Adrian, den wir meist Adri rufen, hat seinen Namen wegen des berühmten Clowns Grock. Der heißt in Wirklichkeit *Adrian Wettach* und war das große Vorbild meines Vaters.

IM KINDERGARTEN

Bis ich vier Jahre alt war, habe ich ausschließlich im Zirkus gelebt. Die Vorstellungen und Gastspiele haben meinen Lebensrhythmus bestimmt. Das war wunderbar! Aber dann kamen Vivi und Adrian auf die weiterführende Schule. Damals gab es noch keinen Onlineunterricht, und die mitfahrenden Lehrer durften die höheren Klassen nicht unterrichten. Also musste meine Mama unter der Woche mit uns Kindern in Köln, in unserem Winterquartier bleiben, damit Vivi und Adri eine ganz normale Schule besuchen konnten. Somit verbrachten wir nur noch die Wochenenden auf dem Zirkusplatz, und von Montag bis Freitag musste ich in den Kindergarten. Das war für mich als echtes Zirkuskind natürlich nicht so toll, und ganz ehrlich: Ich war einfach nicht das Kindergartenkind. Ich habe immer versucht, so spät wie möglich morgens dorthin zu gehen – und habe mich gefreut, wenn ich so früh wie möglich abgeholt wurde. Für mich war das eine fremde und irgendwie blasse Welt. Nicht, dass ich die anderen Kinder nicht mochte oder keine Spielkameraden hatte. Ich bin auch gut mit allen klargekommen – aber in meiner Erinnerung habe ich die meiste Zeit in der Hängematte für mich verbracht. Ich glaube, ich wollte einfach gar nicht zu dieser »Nicht-Zirkus-Welt« dazugehören. Hinzu kam, dass ich zweisprachig aufgewachsen bin und oft die Sprachen vermischt habe. Im Zirkus machen das alle, da geht es manchmal kreuz und quer zu mit den Sprachen. Aber im Kindergarten schauten mich die Menschen plötzlich ganz komisch an, als ich ein bestimmtes Wort gesagt hatte – und da habe ich dann gemerkt: »Uups, war das vielleicht gar kein Deutsch, sondern Italienisch?« Heute verwechsle ich keine Wörter mehr, aber ich springe immer noch von einer Sprache zur anderen. Mit meinem Hund Chanel spreche ich zum Beispiel nur Italienisch. Andere Sachen mache ich automatisch auf Deutsch. Nur träumen, das mache ich mal in der einen und mal in der anderen Sprache, je nachdem, wo ich gerade bin.

Ungewohnt neben der Sprache war damals auch mein neuer Zeitrhythmus. Im Zirkus gehen alle sehr spät ins Bett. Die Vorstellung endet um halb elf in der Nacht, dann muss man sich abschminken und umziehen – und das Abendessen findet oft erst nach Mitternacht statt. Es war eine Qual für mich, plötzlich so früh aufzustehen. Dazu kam noch die viele Fahrerei an den Wochenenden, wenn es zurück zum Zirkus ging: Jeden Freitag und Sonntag haben wir unzählige Kilometer mit der Bahn zurückgelegt. Das war schon ganz schön anstrengend. Im Zirkus dagegen war alles herrlich unkompliziert: Ich stolperte aus dem Wohnwagen, und alle anderen Zirkuskinder waren da. Spielzeug brauchten wir nicht. Wir waren wie kleine Äffchen, die überall herumkletterten, am liebsten kopfüber. Alles, was gefährlich aussah, mussten wir ausprobieren. Eigentlich logisch, denn wir hatten ja lauter waghalsige Artisten als Vorbilder. Unter uns Zirkuskindern gab es auch kein umständliches Verabreden. Ehrlich gesagt, kannte ich den Begriff gar nicht, das war für mich ein ganz neues Wort, als ich in die Schule kam. Wir Zirkuskinder waren immer – bis auf die Essenszeiten – gemeinsam draußen zum Spielen. Alles war so nah beieinander. Es gab nie lange Wege von einem Wohnwagen zum anderen. Und außen um das Zirkusgelände herum war der rot-weiße Zaun. Wir mussten niemals planen oder uns verabreden, denn alle waren sowieso da, und jeder kannte jeden. Wir Zirkuskinder brauchten keine Uhr. Wir hatten nämlich unsere eigene »Zeitansage«, die Zirkusmusik. So wussten wir sofort: Ah, jetzt läuft diese Musik, also ist gerade der Seiltänzer dran und das bedeutet kurz vor vier Uhr. Oder: Noch zwei Nummern bis zur Pause. Ich habe darum auch erst sehr spät gelernt, die Uhr zu lesen. Wir Zirkuskinder hatten sogar unseren eigenen Uhrzeit-Code. Meistens durften wir bis zur Pause der zweiten Vorstellung am Abend draußen bleiben. Wenn dann der Gong am Ende des ersten Programmteils erklang, riefen wir: »Pause – nach Hause!«

Mein liebster Platz im Zirkus war damals backstage im Sattelgang, das ist der hintere Bereich zwischen dem Zirkuszelt und den Garderobenwagen der Artisten. Dort wurden, und werden immer noch, die Pferde vorbereitet. In diesem Bereich mussten wir uns anständig benehmen, da war meine Mama sehr streng, aber es war trotzdem viel Zeit für Spaß mit den Artisten.

Während dieser Zeit habe ich mein erstes Kostüm bekommen: einen dunkelblauen, glänzenden Anzug, den ich von meiner Cousine Shirley geerbt habe. Es war zum Tag der offenen Tür, den der Circus Roncalli an jedem Gastspielort veranstaltet. An diesem Tag durften wir Zirkuskinder auftreten und präsentieren, was wir schon konnten. Das war immer etwas ganz Besonderes, unsere ersten Akrobatik-Kunststückchen zu zeigen. Wenn ich mir heute die Fotos mit diesem blauen Trikot anschaue, denke ich: Uh, so schön war es eigentlich nicht. Aber damals war ich natürlich wahnsinnig stolz auf mein erstes, eigenes Kostüm. Nun musste ich nur noch herausfinden, was genau ich wirklich im Zirkus machen wollte.

KONTORSION

Für mich waren Hochseilartistin oder Feuerspuckerin ganz normale Berufe. Ich wär' gar nicht auf die Idee gekommen, Lehrerin, Ärztin oder Bänkerin werden zu wollen. Aber ich hatte absolut keine Ahnung, *was* für eine Artistin ich werden wollte. Ich fand toll, dass mein Vater Clown war. Ich bewundere ihn auch heute noch sehr und bin jedes Mal wieder beeindruckt, wenn er durch den roten Vorhang tritt und alle Menschen sofort gute Laune haben. Ich habe mir seine Nummer Hunderte Male angeschaut und finde sie immer wieder lustig. Das ist schon ein großartiges Gefühl, wenn du erlebst, dass dein Papa ein ganzes Zelt zum Lachen bringen kann! Oft sprang das Publikum am Ende der Clownsnummer von den Bänken und forderte »Zugabe, Zugabe!«.

Aber auch wenn ich von meinem Vater den Dickkopf geerbt habe, sein Talent zum Clown hatte ich nicht. Außerdem bin ich dafür einfach zu schüchtern.

Meine Mama habe ich auch immer sehr bewundert. Schon lange vor meiner Geburt hatte sie mit dem Kunstreiten begonnen. Es sah einfach unglaublich aus, wenn sie durch die Manege ritt und das Pferd mit seinen Hufen im Takt der Musik tanzte. Meine Mama hatte stets die allerschönsten Kostüme. Sie wurden extra in Paris angefertigt und waren mit Gold und Glitzersteinen besetzt. Sie funkelten im Scheinwerferlicht, und wenn meine Mama sich im Garderobenwagen schminkte, reflektierten die Glitzersteinchen den Schein der Lampen und warfen kleine, leuchtende Sprenkel an die Decke und Wände des Wagens.

Am meisten aber bewunderte ich ihre langen, wehenden schwarzen Haare. Sie reichten bis zu ihrer Hüfte. Als Kind dachte ich, man kann nur Artistin werden, wenn man so lange, schöne Haare hat.

Als ich etwa vier Jahre alt war, hatte meine Schwester Vivi einmal zu mir gesagt: »Komm, ich mach dich schön.« Natürlich hatte ich meiner großen Schwester vertraut. Vivi hatte sich eine große Papierschere geschnappt und angefangen, meine Haare zu schneiden. Ich fühlte mich wirklich mit jedem Schnitt schöner – bis ich in den Spiegel schaute: Vivi hatte meine Haare ratzekurz geschnitten! Die längste Strähne reichte gerade mal bis zum Kinn. Ich hatte schrecklich geweint, denn ich dachte: Jetzt kann ich nie mehr als Artistin auftreten! Da braucht man doch so schöne lange Haare wie Mama! Dabei hatte ich zu diesem Zeitpunkt noch überhaupt nichts, was ich hätte vorführen können. Ich wusste nur, dass ich weder Clown wie Papa noch Kunstreiterin wie Mama werden wollte. Zu beidem hatte ich kein Talent oder verspürte irgendein Feuer dafür. Obendrein hatte ich vor Pferden einen riesigen Respekt. Das kam sicher daher, dass alle Kinder immer ganz schnell verschwinden mussten, wenn die Pferde vom Stallzelt zum Manegen-Eingang geführt wurden. Es war einfach zu gefährlich in der Enge des Sattelgangs, in dem auch noch die Requisiten lagerten.

Also, was sollte ich nun im Zirkus machen? Klar war, ich wollte unbedingt in der Manege stehen. Das war das Tollste für mich. Büro oder Technik oder Schneiderei kamen deshalb für mich nicht infrage. Auch wenn am Ende alle für die Show arbeiteten und dafür, dass die, die in der Manege standen, glänzen konnten. Ich sagte mir: Warum soll ich etwas Organisatorisches für den Zirkus machen, wenn ich doch vor dem Publikum in der Manege stehen kann?! Das ist doch viel spannender! Aber ich wusste wirklich überhaupt nicht, was für eine Artistik ich lernen wollte.

Mir gefielen Trapez, Ring oder Vertikalseil. Auch die Jongleure fand ich gut. Ich mochte die Schleuderbrett-Artisten. Oder die Einradfahrer. Aber nichts davon packte mich so richtig. Oder berührte mich so, dass ich bereit gewesen wäre, alles dafür zu geben und hart dafür zu trainieren. Lange Zeit wusste ich überhaupt nicht, was ich tun sollte, bis – ja, bis sich einer unserer Artisten verletzte und wir ganz schnell einen Ersatz engagieren mussten. Und das war Alba.

Wenn ein neuer Artist in den Zirkus kommt, wollen alle als Erstes sehen, was die oder der da genau präsentiert. Gibt es einen noch nie da gewesenen Trick zu bewundern? Oder trägt sie oder er ein besonders ausgefallenes Kostüm?

Ich ging also mit den anderen Artisten ins Zirkuszelt – und dann sah ich Alba, die Schlangenfrau. Ich erinnere mich noch ganz genau an diesen Moment: Sie trug ein weißes Kostüm und stand auf einem kleinen Tischchen. In das Tischchen steckte sie zwei Handstandstäbe, stützte sich auf und ging in den Handstand. Dann begann sie, ihren Körper zu verbiegen. Es sah so leicht, so elegant, so wunderschön aus – und völlig unwirklich und fantastisch. In diesem Moment wusste ich: Das will ich auch können. Ich werde Schlangenfrau!

Damals war ich sechs Jahre alt und wollte keine Sekunde mehr warten. Ich wollte sofort mit dem Training loslegen. Und so begann ich, gleich am nächsten Tag mit Alba zu üben. Meine Eltern ließen mich machen. Wahrscheinlich nahmen sie das erst einmal nicht so ernst. Alba zeigte mir zuerst einfache Dinge: Brücke und Spagat. Aber, uff, das tat echt weh! Ich musste wirklich immer und immer wieder an meine Grenzen gehen. Es schmerzte nämlich heftig, als ich am Anfang versuchte, noch ein Stück tiefer in den Spagat zu rutschen. Oder bei der Brücke. Jedes Mal zog Alba meine Schultern ein Stückchen weiter zurück, bis sie direkt über meinen Händen standen. Aber all die Mühe, all der Schmerz machten mir nichts aus – denn ich wusste ja, wofür ich täglich trainierte.

Und noch eines war mir zum Glück von Anfang an klar: Etwas Leichtes kann jeder. Und für etwas, das jeder kann, klatscht kein Publikum Applaus. Man muss schon etwas leisten, wenn man Anerkennung bekommen will und wenn man sich seinen Platz in der Manege erobern möchte.

Als meine Eltern verstanden, wie ernst es mir war, reagierten sie nicht sonderlich begeistert. Mit einem falschen oder zu harten Training zur Schlangenfrau kann man sich nämlich leicht den Rücken kaputt machen. Sie wussten, dass Kontorsion – so lautet im Zirkus der Fachbegriff für das Verbiegen – besonders schmerzhaft ist. Und welche Eltern möchten schon, dass ihr Kind Schmerzen erleidet?

Mein Vater sagte: »Lili, eine Kontorsionistin kann ich engagieren, mir wäre wichtiger, dass du irgendwann gesund mit mir den Zirkus leitest.« Aber mein Entschluss stand fest. Und was das betrifft, komme ich einfach komplett nach meinem Vater: Wenn ich mir etwas in den Kopf gesetzt habe, dann ziehe ich das durch! Also rutschte ich von diesem Moment an, egal, wo ich ging und stand, in den Spagat. Es gibt Kinderfotos von mir, da stehe ich in der Tür des Zirkuswagens und strecke ein Bein am Türrahmen hoch. Auf einem anderen stehe ich in der Brücke neben dem Frühstückstisch. Ich wollte Schlangenfrau werden. Um jeden Preis.

Als Alba den Zirkus dann nach einem knappen Monat wieder verließ, begann ich, mit Rodriguez von den *Sorellas* zu trainieren. Zu dieser Zeit performte er mit seinem Partner eine Duo-Trapez-Nummer, aber als echter, ausgebildeter Akrobat konnte er natürlich fast alles. Wir waren damals sechs Zirkuskinder im Alter von sechs bis zehn Jahren, und er zeigte uns die wichtigsten Grundlagen der Akrobatik. Unter den Kindern war auch Geraldine. Ihr Vater Patrick Philadelphia war und ist im Circus Roncalli Betriebsleiter und Tagesregisseur. Er sorgt dafür, dass der Zirkus von einer Stadt zur anderen kommt, dass alles dort steht, wo es stehen muss, und dass jede Vorstellung reibungslos abläuft. Geraldines Mutter Lisa kümmert sich seit vielen Jahren um den Souvenirshop. Dass Geraldines Eltern Aufgaben außerhalb der Manege hatten und darum nicht nur für eine oder zwei Saisons bei uns blieben, war ein großes Glück für mich, denn Geraldine wurde meine allerbeste Freundin. Sie und ihre Familie gehören praktisch zum Circus Roncalli dazu. So sind wir zusammen, Wohnwagen an Wohnwagen aufgewachsen. Aber dazu erzähle ich mehr in einem anderen Kapitel.

MEINE
SCHULZEIT

Eingeschult wurde ich in eine ganz normale Grundschule in Köln, der Grundschule Leuchterstraße. Schon damals hatte ich sehr klare Vorstellungen. Ich wünschte mir eine Britney-Spears-Schultüte. Die gab es natürlich nirgendwo zu kaufen, also hat mir mein Papa eine Schultüte mit Britney-Spears-Motiven gebastelt.

Der erste Schultag war schon seltsam. Ich kannte in meiner Klasse kein einziges Kind. Alle, die mit mir die Kindergartengruppe besucht hatten, waren in Parallelklassen gelandet. Ich erinnere mich noch genau, dass ich ziemlich erschrak, als meine Eltern plötzlich – wie alle anderen Eltern – gingen und ich ganz allein zurückblieb. Der Weg zum Klassenraum war ganz schön aufregend und ein bisschen beunruhigend. Im Klassenraum ging es mir dann wieder besser. Die Plätze waren uns zum Glück bereits mit Namensschildern zugeteilt. Ich musste mir also unter all den fremden Kindern keinen Sitznachbarn aussuchen oder blieb am Ende gar als Letzte übrig, weil ich niemanden kannte. Aber erste Schultage dauern ja nie besonders lang. Zu meiner Erleichterung war nach zwei Stunden schon wieder Schulschluss.

Ich fand dann bald auch ein paar Grundschulfreunde. Meistens war es so, dass sie mich besuchen kamen. Meine Mama mochte es, wenn viele Kinder und ordentlich Trubel im Haus waren. Außerdem waren die anderen Kinder neugierig auf mein Zuhause. Denn auch wenn wir in Köln in einem normalen Haus lebten, war ja alles voller Zirkussachen. Und das Haus stand mitten im Winterquartier des Circus Roncalli. Auf dem Hof parkten unzählige Zirkuswagen. Es gab eine große Werkstatt und Hallen voller Krimskrams, die mein Vater gesammelt hatte: komplette Ausstattungen alter Läden – vom Friseur zum Schuhmacher und Kaufmannsladen mit Bonbongläsern, Tresen und Waage bis hin zu alten Kutschen, historischem Spielzeug und legendären Requisiten. Mein Vater sammelt all dies für ein großes Zirkusmuseum.

In der Grundschulzeit hatte ich übrigens einen Spitznamen: Dumbo. Lange Zeit dachte ich, weil ich vom Zirkus komme wie Dumbo, der kleine Elefant aus dem Disneyfilm. Und dass die Kinder vielleicht niemand anderen vom Zirkus kannten. Erst viel später habe ich herausgefunden, dass ich den Namen meinen großen Ohren verdanke! Als Kind hatte ich nämlich etwas größere Lauscher. Und obwohl ich die Haare meistens offen trug, hatten meine Klassenkameraden das ziemlich schnell spitzbekommen. Wie gut, dass Dumbo vom Zirkus kam und der Star der Manege war! So habe ich mir das Ganze gar nicht zu Herzen nehmen müssen und habe es sogar als Kompliment empfunden. So ein Missverständnis kann durchaus mal etwas Gutes haben.

Mit dem Abschluss meiner zweiten Klasse waren Vivi und Adri dann mit der weiterführenden Schule fertig – und ich, als Grundschülerin, durfte ja noch von einem Privatlehrer oder einer Privatlehrerin unterrichtet werden. Damals gab es so viele Kinder im Circus Roncalli, dass es sich lohnte, eine eigene Zirkusschule zu gründen. Es wurde also ein Schulwagen angeschafft mit Tischen und Bänken, und dann ging es los. Unser Unterricht startete um neun Uhr und ging bis ein Uhr. Nachmittags hatten wir dann noch einmal eine weitere Stunde. Unsere Schulwoche war anders als in normalen Schulen: Wir hatten sonntags und montags frei. Das lag daran, dass am Montag immer *day off*, also spielfrei ist. Dann hatten die Zirkuseltern einen Ruhetag und Zeit, mit den Kindern etwas zu unternehmen.

Ab der sechsten Klasse gab es ein Projekt in Nordrhein-Westfalen (durch unseren festen Wohnort Köln zählten wir zu diesem Bundesland): die »Schule für Zirkuskinder«.

Von dem Moment an wurden uns für alle Schulfächer – abgesehen von Deutsch, Englisch und Mathe – Pakete mit Material geschickt. Diese Pakete enthielten Arbeitsblätter, Hefte und Bücher. Der Unterricht dazu fand online statt. Es war eine Plattform wie Zoom oder Skype und das Ganze funktionierte etwa so wie der Onlineunterricht für die Kinder im Corona-Lockdown. Bei uns hat das damals übrigens super geklappt. Ich kann mich nicht erinnern, dass es je technische Probleme gab.

Wir hatten einen virtuellen Unterrichtsraum mit einer Tafel, auf die alles projiziert wurde. Wir Schulkinder konnten sogar auf diese Tafel schreiben. Jedes Kind hatte eine andere Farbe, damit man immer erkennen konnte, wer da gerade etwas schrieb. Alles in allem waren wir knapp zehn Kinder. Doch obwohl wir über lange Zeit eine Klassengemeinschaft waren, miteinander lernten und gemeinsam Arbeiten schrieben, kannten wir uns nicht persönlich – sondern nur unsere Stimmen. Auf dem Bildschirm konnten wir uns nämlich untereinander nicht sehen. Leider haben wir uns während unserer ganzen Schulzeit niemals kennengelernt. Ein Treffen wäre wahrscheinlich auch superkompliziert gewesen. Wir waren ja alle ständig auf Reisen.

Meine Lieblingsfächer waren übrigens Mathe und Englisch – und die wurden weiterhin von dem jeweiligen Zirkuslehrer oder der Zirkuslehrerin analog im

Schulwagen unterrichtet. Die Onlinefächer beglei-
teten unsere Zirkuslehrer mit einer Art Nachhilfe.
Ohne Unterstützung wäre es echt schwierig gewesen. Und umgekehrt: Kein Lehrer kann ab einer be-
stimmten Klassenstufe alle Fächer gleich gut unterrichten.

So lief unser Unterricht während der Zirkussaison
ab. Ehrlich gesagt, war für mich die Saison mein
»Jahr« und nicht das Schuljahr, wie für alle anderen
Kinder, oder eben das Kalenderjahr von Januar bis Dezember. Für mich begann – und beginnt heute noch –
das Jahr mit dem Eröffnungsfrühstück in der Manege
zur neuen Zirkussaison. Dann kommen alle Artisten
und das neue Team erstmals zusammen und lernen
sich kennen. Mein Jahr endet mit Saisonschluss und
dem Abschiedsfrühstück, nach dem alle wieder aus-
einandergehen und sich über die ganze Welt vertei-
len. Zwischen zwei Saisons liegt immer eine seltsame
Zeit, in der wir alles Lästige erledigen, wie Zahnarzt-
besuche oder eben das, was wir während der Saison
nicht geschafft haben, weil wir so oft in anderen Städten waren.

In dieser Zeit besuchte ich jedes Mal wieder eine »normale« Schule.

Die anderen Kinder in meiner Klasse fanden das ein bisschen merkwürdig, dass ich nur zwei Monate im Winter zu ihnen kam und dann wieder verschwand. Damit sie sahen und auch verstanden, wo und wie ich lebte, luden wir meine Klassen in den Zirkus ein, wenn wir in Köln oder in der Nähe gastierten. Die Kinder sahen dann eine Zirkusshow und bekamen eine Führung über den Zirkusplatz, um einmal hinter die Kulissen schauen zu können.

In meiner Zirkusschule wechselten die Lehrer in den ersten Jahren leider recht häufig. Viele hatten schnell keine Lust mehr aufs Reisen oder das Leben im Zirkuswagen. Manchmal hatten wir auch Lehrer, die gerade mit ihrer Ausbildung fertig geworden waren und noch keinen Job gefunden hatten. Sie unterrichteten in der Zirkusschule dann nur übergangsweise, bis sie irgendwo eine feste Anstellung gefunden hatten. Das war schon ziemlich anstrengend für uns Kinder. Aber dann, von der sechsten Klasse an bis zum Ende meiner Schulzeit hatte ich doch eine Lehrerin durchgehend: Johanna. Das war ein Glück! Sie hat mich bis zum Realschulabschluss unterrichtet und bis zur Abiturprüfung weiterhin begleitet. Mit Johanna haben wir sogar eine Klassenfahrt nach Paris gemacht, übrigens meine einzige Klassenfahrt in der gesamten Schulzeit. Wir waren zu dritt: meine Lehrerin Johanna, Geraldine und ich. Damals war ich 12 und Geraldine 14 Jahre alt. Es war nur ein kurzer Trip. Wir sind am Montag ganz früh losgefahren und am Mittwoch zurückgekehrt. Zur Vorstellung am Abend mussten wir nämlich wieder da sein. Doch in diesen kurzen Aufenthalt haben wir so viel wie möglich hineingepackt, vom Eiffelturm bis zum Louvre. Das war toll. Ganz allein wegfahren, ohne die Familie.

Ich habe meine Lehrerin Johanna immer sehr gemocht. Wir haben auch heute noch ein richtig gutes Verhältnis und treffen uns regelmäßig zum Kaffeetrinken. Durch die intensive Zeit, die wir über die Jahre miteinander verbracht haben, gibt es eine große Verbundenheit. Was ich super inspirierend an ihr fand, ist, dass sie ihr ganzes Leben lang neue

Dinge ausprobiert hat. Sie war beim Zirkus, dann hat sie Yoga unterrichtet und dann wieder etwas völlig anderes gemacht. Sie hat sich nie in eine Schublade stecken lassen. Und sie hat uns ermutigt, neue Dinge auszuprobieren. Sie war es auch, die mir den entscheidenden Kick gegeben hat, nach New York zu gehen. Ohne sie hätte ich das wahrscheinlich nie gemacht. Ganz allein. So weit weg, auf die andere Seite des Ozeans. Johanna hat für mich eine ganz andere, neue Perspektive in diese Zirkuswelt gebracht.

Das Abitur habe ich dann leider doch nicht mehr gemacht. In der Oberstufe wurde der Onlineunterricht echt schwierig. Ich habe damals als Vollzeitartistin gearbeitet. Manchmal habe ich frühmorgens schon ein Fitnesstraining absolviert, danach war Schulunterricht, dann eine kurze Mittagspause, anschließend Vorbereitung auf die Vorstellung, das Opening, also die Eröffnung der Show, dann das Aufwärmen für die Nummer, der Auftritt und schließlich das Finale. Zwischen den Vorstellungen war Unterricht, dann wieder Opening, Auftritt, Finale und nach dem Ende der Show noch einmal Training in der Manege. Danach bin ich nur noch ins Bett gefallen.

Bald tauchte das nächste Riesenproblem auf: Der Onlineunterricht für die Oberstufe konnte nur angeboten werden, wenn sich mindestens drei Schüler fanden. Aber plötzlich war ich in meinem Jahrgang als Einzige übrig. Alle anderen wollten aufhören! Mit meinen Eltern habe ich beschlossen, dass ich einfach ein Jahr aussetze und dann im darauffolgenden Jahr wieder einsteige. Für die Zwischenzeit hatten wir woanders Onlinekurse gebucht, damit ich weiterhin lernen und mich mit schulischen Inhalten beschäftigen konnte. Ich wollte nicht komplett aussteigen, sondern irgendwie im Rhythmus bleiben. Man verliert sonst leider ganz schnell den Anschluss.

Doch im Jahr darauf kamen wieder keine drei Schüler zusammen! Also besuchte ich eine neue und ganz andere Onlineschule. Das war eher eine Schule für Erwachsene, Berufstätige, die neben der Arbeit berufsbegleitend einen Abschluss nachholen wollten. Es ging dort richtig zügig voran, und zudem war ich auch noch eine »Quereinsteigerin«.

Die Abschlussprüfungen, also das Abitur, finden bei solchen Modellen alle in einer Woche statt, und geprüft wird in jedem Fach. Da kann man leider nicht noch einmal zwischendurch üben oder hat eine Pause zwischen mündlichen und schriftlichen Prüfungen. Ich durfte auch kein Fach abwählen. In dieser Zentralprüfung kamen Themen dran, die ich während meiner Oberstufen-Schulzeit überhaupt nicht durchgenommen hatte. Es ging in Deutsch zum Beispiel um ein Buch, das ich nie gelesen hatte. Klar, dass ich die Prüfung so nicht schaffte.

Ich hätte die Prüfungen im Jahr darauf natürlich noch einmal wiederholen können, aber ich habe dann einfach einen Schlussstrich für mich gezogen. Ich hatte alles für ein Abitur gelernt. Und das war mir schließlich das Wichtigste. Außerdem hatte ich ja schon den Realschulabschluss und einen Beruf. Für alles, was ich später im Zirkus hinter den Kulissen brauchen würde, war das Wissen entscheidend. Nicht die Abschlussnote.

CHANEL – MEIN GLÜCK AUF VIER PFOTEN

Schon bevor ich in die Schule kam, habe ich mir einen Hund gewünscht. Wie gesagt, ich reiste viel zwischen Köln und den Städten, in denen der Zirkus gastierte, hin und her. Ich war ständig in verschiedenen Welten unterwegs und lebte mal im Haus im eher ruhigen Winterquartier und mal im Zirkuswagen auf dem trubeligen Zirkusplatz. Darum hätte ich so gern einen Hund gehabt. Einen Hund, der immer bei mir wäre, egal, wo ich gerade war. Einen Hund, der blieb, wenn die Menschen von Zirkussaison zu Zirkussaison wechselten. Und natürlich wünschte ich mir den Hund auch zum Kuscheln. Im Winterquartier hatten wir zwar unseren Hof- und Wachhund Leica, aber die wohnte draußen und passte auf. Darum konnte ich sie leider nicht mit auf Reisen nehmen. Zudem war Leica viel zu groß für einen Wohnwagen.

Meine Eltern waren komplett gegen einen Hund: Wer geht mit dem Hund Gassi? Wir haben für ein Tier keinen Platz im Zirkuswagen und, und, und.

Aber wie ich schon sagte: Wenn ich mir etwas in den Kopf gesetzt hatte, ließ ich nicht mehr locker. Also löcherte ich meine Eltern jeden Tag: Warum kann ich keinen Hund haben? Es kann ja auch ein ganz, ganz kleiner sein …

Denn das mit dem Platz im Wohnwagen stimmte natürlich. Raum ist in einem Zirkuswagen immer Mangelware. Selbst in einem so großen Zirkuswagen wie unserem ist es am Ende doch eher eng. Unser Wagen misst von einem Ende zum anderen 10 Meter und ist 2,5 m breit – durch eine weitere Veranda und einen zweiten Wagen kann man das Ganze auf 24 Meter verlängern. Wenn man die Maße mit einem Haus vergleicht, fragt man mit Recht: Wie passen da Küche, Bad, Wohn-, Schlaf- und die Kinderzimmer rein? Und obendrein eine fünfköpfige Familie? Schwierig. Und wenn der Wagen auf Reise geht und von einer Stadt zur anderen fährt, steht das Sofa tatsächlich direkt vor dem Fernseher, die Badewanne klebt an der Toilette, und mein Bett grenzt an den Küchenblock. Aber im Zirkus funktioniert ja alles mit einer Prise Magie – und so steckt auch in unserem Wohnwagen ein kleiner, ganz spezieller Zaubertrick!

So ein Zirkuswagen ist nämlich wie eine Kommode mit Schubladen. Sobald der Wagen auf dem Zirkusplatz angekommen und geparkt ist, werden »Erker« herausgezogen. Das heißt: Unser Sofa ist zum Beispiel in so einen Schubladen-Erker gebaut, und man zieht ihn einfach auf, nach draußen, und schon ist bequem viel Platz zwischen Fernseher und Sofa. Und zwar so viel, dass auch noch ein Couchtisch davorpasst und man lässig daran vorbei ins Bad marschieren kann. Mit seinen sechs Erkern ist unser Wohnwagen dann plötzlich doppelt so groß.

Darum, fand ich, passte da auch ganz hervorragend noch ein kleiner Hund hinein!

Irgendwann war mein Vater so verzweifelt, dass er sich Geschichten von einem Hund ausdachte: Der Hund für mich wäre angeblich noch sehr klein und wollte nicht von seiner Mama weg. Aber wenn er dann groß genug wäre, dann würde er – irgendwann einmal – zu mir kommen. Mein Vater dachte, ich gebe mich damit zufrieden und werde sicher bald müde und höre auf zu fragen. Aber nicht mit mir! Der Hund fand sich auf meinem Geburtstagswunschzettel und vor Weihnachten in meinem Brief an das Christkind. Ich hatte extra geschrieben: einen echten, lebendigen Hund. Nicht, dass nachher ein Stofftier-Hund unter dem Weihnachtsbaum lag! Ich bohrte einfach immer weiter.

»Du bist eine echte Nervensäge«, sagten meine großen Geschwister zu mir. (Das sagen sie übrigens heute noch!)

Als ich acht Jahre alt war, haben meine Eltern schließlich aufgegeben. Ich durfte einen Hund haben – unter einer Bedingung: Er musste so klein sein, dass man ihn leicht im Zug oder Flugzeug in einer Tasche transportieren könnte. Dann war es so weit: Vor Weihnachten besuchten wir einen Züchter und ich suchte mir einen Chihuahua-Welpen aus. Ich war im Glück! Endlich ein eigener Hund!

Doch dann kam die Schreckensnachricht: Als

meine Mutter den Welpen am 22. Dezember abholen wollte, damit er pünktlich zu Weihnachten bei mir war, hatte der Züchter den Chihuahua schon an andere Leute gegeben!

Meine Eltern waren mit den Nerven am Ende und mochten mir die Wahrheit nicht sagen. In ihrer Not suchten sie überall nach einem kleinen Hund – und wurden bei einem anderen Züchter fündig. Es kam ihnen zwar komisch vor, was dieser Mann dort erzählte. Und dass es plötzlich so schnell gehen sollte. Sie konnten dann kaum glauben, dass dieses kleine Fellknäuel ein acht Wochen alter Chihuahua sein sollte. Aber da mir das Aussehen und die Rasse völlig egal waren und meine Eltern nur wollten, dass der Hund klein blieb, war das das geringste Problem. Doch selbst meinen Eltern kam dieser Welpe beunruhigend winzig vor. Sie ließen ihn noch vor dem Heiligen Abend von einem Tierarzt untersuchen. Der stellte fest:

Erstens: Das war tatsächlich kein echter Chihuahua.

Zweitens: Der Welpe war höchstens fünf Wochen

alt und viel zu früh von seiner Mutter getrennt worden.

Das arme Tier! Es war furchtbar schlapp und schwach. Zu dem Zeitpunkt war es nicht einmal sicher, ob es uns gelingen würde, das Würmchen aufzupäppeln. Die ganze Familie war in Sorge, ob es überhaupt überleben würde. Wir taten alles, um es zu retten.

So trat an einem 24. Dezember ein klitzekleines Hündchen in mein Leben. Ich taufte das Fellknäuelchen Chanel. Ich wusste damals übrigens nicht, dass Chanel der Name einer sehr edlen und teuren Modemarke war, als ich den Namen aussuchte. Ich hatte das Wort irgendwo aufgeschnappt und fand, dass es schön klang. Mein Vater fand das sehr lustig: eine Promenadenmischung mit Namen Chanel!

Chanel ist und bleibt mein schönstes Weihnachtsgeschenk, und wir beide sind unzertrennlich. Sie ist schon überall mit mir hingereist: Spanien, Italien, Österreich, Schweiz, Frankreich. Sie hat Hunderte Kilometer im Flugzeug, der Bahn und im Auto zurückgelegt. Sie ist heimlich in Hotels geschmuggelt

worden, und wenn ich sie wirklich mal nicht mitnehmen kann, schläft sie in eine Decke gekuschelt
auf meinem Bett. So fühlt sie sich mir nahe. Chanel
ist immer tiefenentspannt und lässt sich von nichts
beeindrucken. Sie ist jetzt fünfzehn Jahre alt. Und
alle in meiner Familie lieben sie.

MANEGE FREI!

Mein allererster »Auftritt« war am »Tag der offenen Tür« im Circus Roncalli, gemeinsam mit meinen Freundinnen Geraldine und Chantalle. Ich war sechs Jahre alt, Geraldine und Chantalle acht. Wir trugen ganz schrecklich hässliche Cheerleader-Kostüme. Ich habe keine Ahnung, wer die damals ausgesucht hat ... Ich weiß nur, dass wir das unbedingt so machen wollten. Wir hatten Musik ausgewählt und ein wildes Wirrwarr einstudiert, eine Mischung aus Tanzen und Verbiegen, und das wollten wir in der Manege vorführen. Zu diesem Zeitpunkt konnten wir noch überhaupt keine richtigen Tricks, es waren eher einige Grundlagen in Akrobatik. Tja, und dann war unsere tolle Vorführung zu Ende, und die Musik lief immer noch. Der Song war viel zu lang für das bisschen Show, das wir konnten. Ich erinnere mich noch genau, wie wir ganz erschrocken zu Patrick, Geraldines Vater, geguckt haben. Die Musik lief und lief. Und wir wussten einfach nicht mehr, was wir tun sollten. Ich kann nur sagen, dass so eine Minute sehr, sehr lang sein kann, wenn man vor vollen Rängen steht und das Publikum einen erwartungsvoll anschaut. Das war mir eine Lehre, und ich wusste, das passiert mir nicht noch einmal.

Meine eigene, richtig einstudierte Nummer präsentierte ich dann in der nächsten Saison. Dieses Mal war ich perfekt vorbereitet: Über Nacht hatte ich mir extra Zöpfe geflochten. Als ich die Gummibänder am nächsten Morgen aus meinen Haaren zog, explodierten diese förmlich. Eine wild gelockte Löwenmähne – das war damals mein Lieblingslook! Als Kostüm trug ich das blaue Trikot meiner Cousine. Diesmal war mir sehr wichtig, dass die Haare und das Kostüm saßen. Da war ich nach den Erfahrungen vom ersten Mal jetzt absolute Perfektionistin. Vorab hatte ich mir eine passende Musik ausgesucht und dann mithilfe eines russischen Artistinnen-Duos auf den Punkt genau eine Kontorsionsnummer einstudiert.

Der Auftritt funktionierte perfekt. Als ich die Manege durch den roten Samtvorhang verließ, war ich ganz sicher: Das ist es. Es fühlte sich absolut richtig an. Es war die Bestätigung, dass die Kontorsion genau mein Ding war. Es war ein wunderbares Gefühl und gleichzeitig der Startschuss, absolut ernsthaft und ehrgeizig an meiner Darbietung zu arbeiten.

Auch meine Freundin Geraldine übte jetzt für eine Kontorsionsnummer. Sie hatte jedoch von Anfang an Ringe mit eingebaut, während ich mit rotierenden Tüchern arbeitete. In den Pausen zwischen den Vorstellungen trafen wir uns von nun an immer in der Manege und trainierten. Niemand musste uns zwingen, wir wollten das einfach unbedingt, wir wollten richtig gute, erfolgreiche Artistinnen werden.

Ehrlich gesagt, es war sogar der umgekehrte Fall: Wenn ich mal überhaupt keine Lust auf Schule hatte oder mich einfach nicht so wohl fühlte und rumjammerte »Mir ist nicht gut« oder »Ich bin so schlapp«, – dann sagte meine Mama: »Okay, aber wenn du nicht am Schulunterricht teilnimmst, dann darfst du auch nicht trainieren.« Schwupps, war ich wieder fit.

MEIN EIGENER WOHNWAGEN

Bis zu meinem 14. Lebensjahr wohnte ich bei meinen Eltern im Wohnwagen. Dann bekam ich meinen eigenen Wagen, also mein eigenes Zimmer. Ich durfte zwar gleich all meine Sachen in diesen Wagen räumen und habe mich nachmittags immer darin aufgehalten, aber ich durfte ich noch nicht allein dort schlafen. Als ich dann mein Zeugnis der 10. Klasse in der Hand hielt, habe ich meinen Eltern das Blatt auf den Tisch gelegt und gesagt: »So, jetzt schlafe ich auch in meinem Wagen.« Da gab es keine Diskussion mehr. So bin ich dann ausgezogen, einfach einen Wohnwagen weiter.

Ich liebe das Wohnen im Wagen. Mein einziges Problem ist, dass ich nicht gut Sachen wegwerfen oder weggeben kann. Aber im Wohnwagen ist nun mal nicht so viel Platz.

Besonders als Teenager möchte man natürlich alles bei sich im Schrank haben und denkt: Hey, da passe ich sicher noch rein. Oder: Vielleicht ziehe ich das doch noch mal an. Man will sich von nichts trennen.

Meine Mama hat immer auf gute Qualität geachtet, weshalb ich meine Sachen sehr lang trage oder benutze. Kaufen und wegwerfen – das gab es bei uns nicht. Das ist mir auch heute noch wichtig.

Eigentlich leben die Menschen, die im Wohnwagen aufgewachsen sind, echt minimalistisch. Ich bin darin leider ganz schlecht, denn ich bin Weltmeister im Behalten. Ja, die zwei Dinge, die ich gar nicht kann, sind: Ausmisten und Packen. Das habe ich von Papa geerbt.

AUF DIE ROLLEN!

Als ich 13 Jahre alt war, kam mein Bruder Adri auf die Idee, dass wir Geschwister doch alle zusammen eine Rollschuhnummer machen könnten. Er hatte sich ein Video von meiner Mama und ihren Geschwistern angeschaut, die als Jugendliche ebenfalls mit einer Rollschuhnummer aufgetreten waren. Adri hatte vorher nie etwas Artistisches gemacht, sondern sich der Musik und dem Gitarrespielen im Orchester gewidmet. Die Rollschuhnummer sollte seine ganz persönliche Premiere in der Manege sein. Vivi war sofort von der Idee begeistert. Ich hatte auch nicht groß überlegt. Cool, machen wir mal, dachte ich. Da wir noch einen zweiten Mann für die Nummer brauchten, fragte mein Bruder Jemile. Jemile war zu dieser Zeit als Jongleur im Circus Roncalli engagiert. Seine Spezialität war eine Fußball-Jonglage, er hielt Bälle nicht nur mit den Händen, sondern auch mit dem Kopf und den Füßen in der Luft. Jemile stammt ebenfalls aus einer Artisten-Familie und hatte als Kind schon akrobatisch gearbeitet. Also legten wir vier los. Unserem Papa erzählten wir erst einmal nichts von unseren Plänen. Es sollte eine Überraschung werden. Wir haben uns heimlich Rollschuhe bestellt und uns immer abends, nach der zweiten Vorstellung, ins Zelt geschlichen und trainiert. Mama hatten wir eingeweiht. Sie gab uns am Anfang Tipps, gemeinsam mit meinem Onkel David Larible, der zu der Zeit bei uns im Circus Roncalli als Clown auftrat. Mein Onkel David war jahrelang der Star des berühmten »Ringling Bros and Barnum & Bailey Circus« in den USA. Er ist in jeder amerikanischen Großstadt aufgetreten. Es gibt T-Shirts, Jacken, Tassen, Poster und Aufkleber mit seinem Namen und Bild. 1999 gewann er in Monte Carlo den *Goldenen Clown*. Das ist so etwas wie der Zirkus-Oscar und die höchste Auszeichnung, die ein Artist bekommen kann.

Das nur nebenbei. Nun zu uns. Wir mussten am Anfang erst einmal lernen, auf den speziellen Kunstrollschuhen auf einer kleinen Platte zu fahren. Man kann mit Rollschuhen nicht auf den Sägespänen laufen. Die Artisten treten auf einem kleinen, kreisrunden Podest auf, das zwei Meter Durchmesser hat. Darauf spielt sich dann alles ab. Meine Geschwister waren schon als Kinder Rollschuh auf der Straße gefahren, ich war jedoch eine totale Anfängerin und übte zunächst einmal im Zelt auf dem Parkett zwischen Logen und Sitzreihen. Immer schön im Kreis, rund um die Manege, hin und her. Als ich da sicher war, ging es auf das Podest.

Bei den Proben trugen wir Helme und Knieschützer. Meine Schwester und ich wurden von den Jungs mit einem wahnsinnigen Tempo im Kreis herumgewirbelt. Es gab Übungen, da hielt mich Adri nur an einem Fuß fest, das andere Bein hielt ich gestreckt im Spagat nach unten und mein Kopf hing nur knapp 20 Zentimeter über dem Boden. Um in diese Position zu kommen, wird man zuerst in Wellen im Kreis herumgeschleudert. Es ist also eine Auf- und Abwärtsbewegung. Eine kleine Gewichtsverlagerung, ein Stück in die falsche Richtung – und man schlägt mit dem Kopf auf die Holzplatte. Natürlich ist das gefährlich, aber ich hatte nie Angst. Mein großer Bruder hält mich schon, dachte ich. Ich hatte vollstes Vertrauen in ihn. Heute denke ich, es ist gut, wenn man früh, also möglichst jung, mit so etwas startet. Da denkt man nicht groß drüber nach, was passieren kann, und macht es einfach.

Wir haben hart trainiert. Jeden Tag. Und nach einem Jahr waren wir so weit und beherrschten genügend Tricks, um unsere Nummer am »Tag der offenen Tür« zu präsentieren. Wir sagten zu unserem Papa, er solle mal ins Zelt kommen, wir möchten ihm etwas zeigen. Natürlich hatte er längst mitbekommen, dass wir hinter seinem Rücken etwas Besonderes planten. Er hatte das Rollen auf dem Holzboden nach der Vorstellung gehört. Und natürlich hatte er sich Gedanken gemacht, was dieses neue, ungewohnte Geräusch auf dem nächtlichen, stillen Zirkusplatz sein könnte. Aber er hatte nichts gesagt und auch nie heimlich zugeguckt. Er hatte unser Spiel mitgespielt und wollte sich überraschen lassen.

Für unseren ersten Auftritt hatten wir alles perfekt vorbereitet: Die Musik hatten wir extra von einem Komponisten für uns schreiben lassen. Die schwarzen, mit goldenen Ornamenten besetzten Kostüme stammten von einem Kostümbildner aus Amsterdam, sie waren für uns entworfen und geschneidert worden. Damals durfte ich nicht viel mitreden, weil ich die Jüngste war. Meine Geschwister zeigten mir die Kostümentwürfe auch erst, als alles mehr oder weniger entschieden war. Sie sagten, das hätten sie gemacht, weil ich immer so kritisch wäre, nur auf mein Kostüm gucken würde und überprüfte, wie *ich* aussehe. Aber hier ging es um das Aussehen der ganzen Gruppe – und nicht um den Geschmack einer einzelnen Person. So ist das als »Kleine«. Aber es machte mir nicht viel aus. Ich arbeitete damals schon parallel an meiner eigenen Nummer und wusste, dass ich dafür alles ganz allein entscheiden konnte, genau so, wie ich es wollte.

Unsere Rollschuhnummer lief perfekt. Wir bekamen ordentlich Applaus. Mein Papa war wahnsinnig gerührt. Und für Mama war es das größte Glück:

All ihre Kinder zusammen in der Manege, vereint in einem Showact! Ich glaube, es ist das Schönste für Eltern, wenn sie den Zusammenhalt und das große Vertrauen sehen, das ihre Kinder untereinander haben. Denn dieses Vertrauen, das wir bei so einer Rollschuhnummer ineinander haben *müssen*, bleibt für immer und gilt auch für alles außerhalb der Manege. Wir vertrauen uns gegenseitig unser Leben an. Mehr können Geschwister füreinander nicht tun. Im wahrsten Sinne des Wortes lassen wir nicht los, wir lassen den anderen nicht fallen.

Für Eltern, die nicht vom Zirkus kommen, wäre es wahrscheinlich ein Albtraum, zu sehen, wie die Töchter in einer atemberaubenden Geschwindigkeit im Kreis herumgeschleudert werden, immer knapp mit dem Kopf über dem Boden. Aber für uns Zirkusleute gehört das Risiko einfach zum Leben dazu.

Unser erster richtiger Auftritt im laufenden Zirkusprogramm fand dann ein paar Monate später in Bremen statt. Es war der letzte Gastspielort der Saison vor dem Weihnachtszirkus in Berlin. Dort spielt Roncalli in einem Festbau, dem Tempodrom. Papa prä-

sentiert dort jedes Jahr ein besonderes, weihnacht-
liches Programm, und er probiert dann immer neue
Nummern aus. In dieser überschaubaren Zeit kann
man nicht nur sehen, wie eine Nummer beim Publikum ankommt, sondern auch den Artisten als Menschen kennenlernen, mit dem unser Zirkus dann für
eine ganze Saison auf Tour geht – oder eben nicht.

Wir hatten uns für den Vorlauf mit der kleinen
Vorpremiere in Bremen entschieden, da die große
Premiere eines neuen Programms mit einem komplett neuen Ablauf und fremden Artisten ohnehin
immer sehr stressig und aufregend ist.

Und dann feierten wir in Berlin unseren Erfolg.
Anderthalb Jahre hartes Training, und nun standen
wir endlich im Scheinwerferlicht. Das ist jedes Mal
wieder ein unglaubliches Gefühl. Am meisten freu-
ten wir uns alle, Adri in der Manege zu sehen. Keiner von uns hatte geglaubt, dass er irgendwann einmal als Artist auftreten würde. Und er war für einen
Neu-Akrobaten auch schon ziemlich alt, mit etwas
über zwanzig Jahren.

Als Geschwister haben uns die gemeinsame Arbeit

und die Auftritte noch einmal mehr zusammengeschweißt. Beim Training, unter Stress, lernt man sich noch einmal anders kennen. Wir hatten ein gemeinsames Ziel, strebten gemeinsam etwas an. Das ist schon sehr besonders. Heute arbeiten wir alle zusammen im Unternehmen, also hinter den Kulissen des Circus Roncalli. Aber die Zeit der gemeinsamen Auftritte war etwas Unvergleichbares. Als Nesthäkchen, mit dem großen Altersunterschied zu Adri und Vivi, war es für mich eine ganz außergewöhnliche Chance. Es ist meistens völlig normal, dass die »Großen« nicht so richtig Lust auf die kleine Schwester haben: Die nervt, ist peinlich, stört. Und die Interessen eines Zwanzigjährigen liegen nun mal woanders als die einer Dreizehnjährigen. Darum habe ich in meiner Kindheit natürlich nicht so viel mit meinen Geschwistern gespielt oder unternommen. Die Rollschuhnummer hat uns eine gemeinsame, intensive Zeit geschenkt. Wir haben uns noch einmal neu kennen- und schätzen gelernt. Natürlich haben wir uns auch gezankt – witzigerweise aber nie beim Training. Auseinandersetzungen gab es eher, wenn es um die Musik, die Kostüme und das Hairstyling ging. Vivi, als große Schwester, wollte den Ton angeben, und ich dachte: Nur weil ich die Kleine bin, muss ich ja nicht immer folgen. Ich leiste dasselbe wie du in der Manege.

Auch wenn wir drei Geschwister sind, gehen wir mit unserer Arbeit und den Auftritten vollkommen anders um. Ich bin und war immer total entspannt. Vivi litt heftig unter Lampenfieber. Man konnte sie direkt vor dem Auftritt gar nicht ansprechen. Sie brauchte Ruhe, Konzentration. Darum war es für sie sicher noch viel kräftezehrender als für Adri oder mich. Ich habe großen Respekt vor ihr, wie sie das gemeistert hat. Adri und ich konnten unsere Auftritte einfach genießen. Mit seiner Super-Entspanntheit hat Adri Vivi manchmal zur Weißglut getrieben. Klar, jeder hat seine Macken, aber da prallten schon Gegensätze aufeinander. Vivi war, schon um ihre Nervosität zu dämpfen, immer sehr pünktlich und organisiert. Adri war jedes Mal spät dran, wirklich auf den letzten Drücker. Dann hatte er die Bandagen (die wir um Fuß- und Handgelenke trugen) falsch befestigt, sodass sie abfielen, oder er hatte sie gleich ganz vergessen. Mal fehlte die Jacke des Kostüms und dann musste jemand losrennen, sie suchen und mitbringen. Für Vivi waren solche Momente doppelt stressig. Ich konnte oft darüber lachen, denn Adri selbst hatte die Ruhe weg. Die Dialoge zwischen uns liefen ungefähr so ab: »Och, jetzt hab ich schon die Rollschuhe an und kann nicht mehr zurück in die Garderobe gehen.«

»Ja, dann frag doch jemanden.«

»Hier steht gerade keiner ...«

»Dann schrei doch!«

Meist hat Vivi es dann für ihn geregelt. Die Arme! Das war manchmal schon ein Drama! Außerdem hat Adri sich auch nie aufgewärmt. Ich dehne mich gern ausgiebig, ich brauche das. Gut, am Ende verbiegen und strecken wir Mädchen uns ja auch viel mehr als die Jungs in der Rollschuhnummer. Die halten ja hauptsächlich. Trotzdem gab es darum immer wieder ordentliche Diskussionen. Aber in der Sekunde, in der wir aus dem roten Vorhang traten, die Musik aufspielte und wir auf das Podest stiegen, war alles gut. Von diesem Moment an gab es nie ein einziges Problem.

Lustigerweise haben sich diese Dinge unter uns Geschwistern nicht geändert. Auch wenn wir mittlerweile alle viel älter sind und inzwischen dem Beirat des Unternehmens angehören (dazu zählt nicht nur der Circus Roncalli, sondern auch das Varieté Apollo, der Event-Bereich und anderes), ist es heute noch so: Steht eine geschäftliche Besprechung an, ist es Vivi, die fragt: »Habt ihr euch schon die Mails angeguckt? Habt ihr das ausgedruckt? Seid ihr vorbereitet?« Sie ist bis heute am organisiertesten und zuverlässigsten. Adri und ich sagen dann: »Ach, Vivi, ist doch noch eine Woche Zeit, das muss ich doch heute nicht machen.« Dann fragt Vivi zurück: »Soll ich das für dich ausdrucken und bereitlegen? Nachher macht ihr das wieder nicht.« Sie ist ein Mensch, der alles direkt abhaken muss. Sie kann nicht schlafen gehen, wenn sie nicht alles abgearbeitet hat. Das ist ein großes Glück für Adri und mich, denn mein Bruder kommt da auch wie ich eher nach Papa: Auf den letzten Drücker klappt alles am besten! Wir brauchen den Druck. Bei Adri ist es sogar noch ein bisschen schlimmer als bei mir. Bei ihm ist es manchmal schon fünf nach zwölf. Ich glaube, das macht Vivi oft wahnsinnig, mit zweien von der Sorte zusammenzuarbeiten, zwei, die so tiefenentspannt sind.

Aber ich muss dazu sagen, dass ich für mich die Erfahrung gemacht habe: Wenn ich aufgeregt oder gestresst bin, dann bin ich einfach schlechter. In allem. Ich habe das Glück, dass ich diesen Druck gut ausblenden kann. Ich bin überzeugt, dass ich da nur zwei Möglichkeiten habe: Ich kann mich in die Aufregung reinsteigern oder ich muss alles dafür tun, sie auszublenden. Ich glaube, dass man sich diesen Stress selbst einreden kann. Zum Beispiel, indem man allen davon erzählt und diese Aufregung erst so zu einem großen Thema macht. Wenn man diesem Druck zu viel Raum gibt, dann bauscht sich das immer mehr auf, und es wird noch schwieriger, dagegen anzukommen! Ich versuche, negative Gefühle klein zu machen. Denn sie helfen mir nicht weiter. Ich weiß, es gibt Leute – auch viele Artisten –, die brauchen diesen Adrenalinkick, diesen ultimativen

Stress, um besser zu sein. Und manche sind dann sogar wirklich besser. Sie explodieren geradezu, sobald es losgeht. Bei mir ist das absolut nicht der Fall. Und zum Glück habe ich für mich persönlich herausgefunden, dass ich mit meiner inneren Einstellung ganz viel gegen Nervosität oder Aufregung erreichen kann. Am Ende ist alles reine Kopfsache.

Man läuft auch leicht Gefahr, dass so eine Nervosität zu einer bequemen Entschuldigung wird: »Ich bin ja nur nicht so gut, weil ich so aufgeregt bin.« Da hat man dann gleich eine Erklärung parat, mit der man sich schützen will. Aber so funktioniert das nicht. Denn am Ende zählt, was dabei herauskommt.

Übrigens hat Johanna, meine Lehrerin, mir das schon vor Jahren beigebracht: Es hat sie nämlich wahnsinnig gemacht, wenn ich vor einer neuen Aufgabe saß und gesagt habe: »Ich kann das nicht.« Dann hat sie zu mir gesagt: »Du kannst das auch noch gar nicht können, denn ich habe es dir ja gerade erst gegeben. Du sollst es lernen. Darum sitzt du vor diesem Blatt.«

Damals habe ich mir angewöhnt, solche Situationen mit mentaler Stärke zu lösen. Das heißt, ruhig bleiben, klar denken.

Vor Auftritten gehe ich darum kurz in mich, um mich zu konzentrieren. Man darf nicht vergessen, dass ich im Zirkus vor 1.500 Leuten stehe. Das ist schon eine Nummer, auch nach vielen Jahren auf der Bühne. Ich habe allerdings keine Rituale oder irgendeinen Aberglauben. Ich brauche auch keine Glücksbringer. Im Zirkus kann immer etwas schiefgehen. Plötzlich bin ich vielleicht früher dran, oder etwas verzögert sich. Da möchte ich von so etwas nicht abhängig sein.

Es gibt nur eins, was ich bei jedem Auftritt wie ein Ritual tue: Ich versuche das Publikum wirklich anzuschauen. Mein Papa hat gern gesagt: »Das Ziel muss sein, dass jeder Mensch im Publikum das Gefühl hat, dass du ihn angeschaut hast.« Das habe ich mir sehr zu Herzen genommen und versuche darum immer, Blickkontakt zu halten und die Zuschauer so einzubinden.

Rückblickend muss ich sagen: Ich bin total glücklich, dass wir Geschwister einmal gemeinsam eine

Nummer erarbeitet und vorgeführt haben. Die Roll-schuhe sind unser Ding, und die Nummer funktio-niert nur in dieser Konstellation. Als Adri später als künstlerischer Leiter zum Apollo-Varieté ging, wur-den Vivi und ich gefragt, ob wir uns nicht einen Er-satzmann suchen wollten. Aber ganz davon abgese-hen, dass die Rollschuhnummer Adris Idee war, wäre das nie für uns infrage gekommen. Alle oder keiner, unser bewährtes Viererteam – das war für uns abso-lut klar.

Außerdem standen Vivi und ich als Artistinnen ja nicht vor dem Nichts. Wir hatten während der Rollschuhnummer weiterhin an unseren jeweiligen Nummern gearbeitet und traten auch schon damit auf. Und nach drei Jahren Rollschuhen war es absolut okay, mich nun auf meine Solonummer zu konzen-trieren. Ich war jetzt sechzehn Jahre alt und wollte durchstarten.

MEINE SCHWESTER VIVI

Vivi ist neun Jahre älter als ich. Und ich fürchte, ich war eine richtig schlimme kleine Schwester: Ich wollte immer das, was Vivi hatte. Ich war total eifersüchtig, was Vivi alles durfte oder was sie zum Anziehen hatte. Und darauf, dass sie länger wach bleiben durfte! Ich wollte einfach nicht einsehen, dass es dafür einen Grund gab, nämlich, dass sie viel älter als ich war. Das ging so, bis ich etwa zwölf, dreizehn Jahre alt war. Danach haben wir uns irgendwie gefunden und uns richtig gut verstanden. So ist das bis heute. Ich kann mich nicht daran erinnern, wann ich das letzte Mal mit ihr gestritten habe. Diese ganzen Geschwister-Zickereien haben wir in der Kindheit abgearbeitet.

Vivi ist fantastisch organisiert. Da ist sie viel besser als ich. Manchmal tut es mir fast schon leid,

Auf Papas Arm in unserem Wohnwagen –
da war ich erst 1 Jahr alt.

Mit meiner Mama und Vivi in unserem
Wohnzimmer im Wohnwagen.

Mit meinem Papa backstage – da zieht er immer
den Roncalli-Bademantel über sein Kostüm.
Ich trage eines unserer Rollschuh-Kostüme.

Mein großes Vorbild,
mein Papa.

2007 mit Papa –
der Heiligenschein
gehört zu einer
Clownsnummer!

Meine Familie im Salonwagen.

Beim Tag der offenen Tür. Im Hintergrund seht ihr meinen Onkel David Larible.

Ich liebe Kostüme! Das ist ein Kopfschmuck aus der Roncalli-Show!

9

Das war eine der ersten großen Übungen
meiner Kontorsionsnummer 2009.

10

Mit meinem
Papa vor einem
der typischen,
alten Roncalli-
Wagen.

11

Mit Vivi und Adri bei unserer Rollschuhnummer.

Ganz zu Beginn
meiner Karriere, 2009.
Mit den schwingenden
Tüchern arbeite
ich immer noch!

Mit Vivi beim Training – das ist übrigens das Podest,
auf dem wir die Rollschuhnummer vorführen.

Beim Shooting vor meinem Zirkuswagen.

Mit Vivi und Papa auf dem Oktoberfest in München.

16

Bei Interviews für »Let's Dance«
im Studio in Köln.

Im Roncalli-Café in Hamburg.

Hier trete ich in der Roncalli-Show auf. Auch meine Kontorsion findet auf einem Podest statt.

19

Das war in Wien bei der Life-Ball-Presse-
konferenz 2019. Eine große Ehre, dort aufzutreten.

Las Vegas!
Hier seht ihr mich
mit Magier-
Legende Roy

Mit Roy in
Las Vegas auf
seinem Anwesen.

Von links nach rechts: Meine Mama,
Siegfried, ich, Roy und meine Cousine,
mein Cousin und meine Tante, 2018.

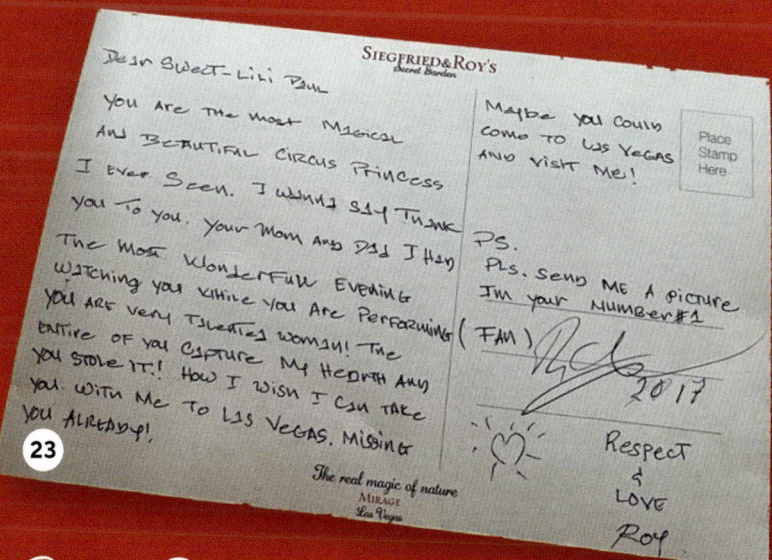

Post von Roy.

ESENTED BY

Da bin ich als Engel beim Life-Ball in Wien 2019.

25

Hinter den Kulissen von »Let's Dance«
mit meinem Tanzpartner Massimo.

Immer unterwegs – hier auf dem Weg
zum Set mit John Kelly.

Das ist mein Swarovski-Kostüm!

aber wenn irgendetwas ist, rufe ich immer: »Vivi!«
Ich verliere alle Telefonnummern, zum Beispiel
von Ärzten. Sobald ich dann einen Termin machen
möchte, stehe ich hilflos da. Oder Geburtstage – die
merke ich mir nie! Ohne Vivi wäre ich aufgeschmis-
sen. Wie oft habe ich vergessen, irgendetwas einzu-
packen, und dann im Hotel bemerkt, was fehlt. Ich
kann mich glücklicherweise immer darauf verlassen,
dass meine Schwester da ist, dass sie mir hilft. Einmal hatte ich vergessen, mein Ticket auszudrucken,
und musste ganz früh am nächsten Morgen los. Vivi
ist extra um fünf Uhr früh aufgestanden und hat das
für mich gemacht. Sie sagt nie »Nein« zu uns Geschwistern und versucht, jedes Problem für uns zu
lösen.

Vivi ist unglaublich fleißig, sie erledigt alles sofort. Ich hoffe, dass ich das irgendwann auch schaffe.
Ich würde mir das wirklich gern von ihr abgucken
und mein Leben so toll organisieren, wie sie es kann.
Diese Disziplin, immer gleich alles zu erledigen, bewundere ich.

Vivi hat sehr viel Mitgefühl, und zwar mit allen

Menschen. Ich bin da ein bisschen strenger als sie. Sie ist in der Lage, beide Seiten zu sehen, sich in den anderen hineinzuversetzen und auch Kompromisse zu schließen. Ich bin doch etwas temperamentvoller und schnell mal auf hundertachtzig, wenn ich etwas blöd oder unfair finde.

Für mich ist klar: Es gibt nichts Besseres, als eine große Schwester zu haben. Dadurch hatte ich so etwas wie eine Vorschau. Man bekommt so eine Vorstellung, wie es sein wird, wenn man in eine bestimmte Situation kommt oder irgendwann bestimmte Entscheidungen trifft. Man kann sich zurückerinnern, an die Lektionen, die sie gelernt hat. Kleine Schwestern, wie ich, haben da einen unglaublichen Vorteil. Meine große Schwester hat praktisch alles schon einmal erlebt und mir den Weg frei gemacht.

Vivi macht ihre Luftnummer mit großer Leidenschaft. Während der Show hängt sie ganz oben in der Zirkuskuppel, in über acht Metern Höhe. Ich bin jedes Mal froh und erleichtert, wenn ihre Nummer vorbei ist und sie zurück in die Garderobe kommt. Ich höre immer mit einem Ohr ihrer Auftrittsmusik zu und achte automatisch auf die Reaktion des Publikums, ob auch alles glattläuft. Wenn irgendetwas anders ist, nur ein komisches Geräusch, dann erschrecke ich mich sehr und muss sofort losrennen und nachschauen, ob auch alles okay ist.

Außerdem bewundere ich Vivis Kraft und ihre Willensstärke, mit der sie gegen ihre Nervosität vor den Auftritten kämpft. Welche Liebe sie für den Zirkus hat und dass sie diese Angst immer und immer wieder mit solch einer Energie überwindet – das bewundere ich sehr.

MEIN BRUDER ADRIAN

Mein allererstes Wort war nicht Mama oder Papa, sondern Adrian. Das klang zwar mehr wie »Adrrra«, aber es war das Erste, was ich gesagt habe. Meine Mama sagt, vielleicht, weil immer alle nach dem Adri rufen mussten? Ich war jedenfalls von Anfang an verrückt nach meinem großen Bruder. Für mich war er die coolste Person, die es gab. Ich habe ihn wahnsinnig bewundert. Ich fand es so toll, dass er Musik gemacht hat und sich so seinen eigenen Weg gesucht hat. Er war damals siebzehn oder achtzehn Jahre alt, und das war schon megacool, zu sagen: Hey, mein Bruder ist Gitarrist. Er spielt im Zirkusorchester, aber er hat mit einem Freund schon Songs produziert und veröffentlicht. Ich war unglaublich stolz auf ihn. Auch jetzt, wie er das mit dem Varieté Apollo macht.

Adri ist das Gegenteil von Vivi. Seine Persönlichkeit ist ein bisschen mehr wie meine. Er ist genauso chaotisch und nicht so verlässlich in alltäglichen Dingen. Wir sind beide wahnsinnig schlecht erreichbar. Wir gehen nicht ans Telefon und vergessen oft, Anrufe oder Nachrichten zu beantworten. Die arme Vivi hält dann jedes Mal alles zusammen.

Bei der Rollschuhnummer habe ich alle Tricks mit Adri gemacht. Ich hatte immer größtes Vertrauen, dass er auf mich aufpasst. Ich hatte in all den Jahren, in denen wir gemeinsam aufgetreten sind, kaum einen Sturz oder eine Verletzung. Er hat darauf geachtet, dass ich gut lande – eher hat er sich selbst langgelegt. Wirklich, er hat sich häufiger verletzt, nur um mich sicher und gut landen zu lassen. Er ist der klassische Porteur, der, der jemanden hält. Er hat von Natur aus die Kraft, die man für diese Position benötigt.

Mein Bruder war der Erste von uns, der den Zirkus verlassen hat und zum Apollo gegangen ist. Das Varieté gehört zwar zum Unternehmen der Roncalli-Familie, ist aber ganz unabhängig organisiert. Es war total richtig so, dass er in andere Bereiche hineinschnuppert. Das Apollo ist kleiner als der Zirkus, und mein Bruder konnte schneller eine Führungsrolle übernehmen – als Theaterleiter.

Adri hätte gern, dass ich nach Düsseldorf ziehe. Wir sind uns sehr verbunden und stehen uns sehr nahe, wir sind Geschwister, aber auch gleichzeitig gute Freunde. Ich verstehe mich auch super mit seiner Freundin.

Mit Adri kann ich wunderbar Unsinn machen. Wir lachen viel, und es fühlt sich so an, als wären wir noch Kinder, wenn wir zusammen sind. Wir machen einfach Dinge, die Spaß machen, wie zur Kirmes zu fahren, und anderes dummes Zeug. Wir verabreden uns nicht, denn wir sind ja beide eher spontan und nicht die organisierten Planer. Es passt einfach. Langfristig verabreden, das kann ich besser mit Vivi machen.

In einem bin ich aber ganz anders als er: Ich bin überhaupt nicht der Party-Typ, der in Clubs geht oder sich so in die Menge wirft. Adri umso mehr. Und Vivi übrigens auch. Wenn wir gemeinsam ausgehen – das ist wirklich lustig –, bin ich diejenige, die am wenigsten tanzt! Ich bin einfach kein Tanzbär. Meine beiden Geschwister sind im Freestyle die viel besseren Tänzer. Ich bin da zu zurückhaltend und zu kontrolliert.

MEIN AUFREGENDSTER AUFTRITT

Ein wirklich besonderer Moment war für mich der Auftritt auf dem Ball der Semperoper in Dresden. Es war das erste Mal, dass ich außerhalb des Zirkus gebucht worden war – und dann gleich für ein so großes Event, mit einer Übertragung ins Fernsehen. Ich war achtzehn Jahre alt und wurde nun das erste Mal direkt mit meiner Kontorsionsnummer angefragt. Das war eine riesige Ehre.

Meine Eltern waren zu dem Zeitpunkt gerade unterwegs, und deshalb fuhr ich mit Adri nach Dresden.

Vivi macht mich bestimmt nur nervös, habe ich gedacht, weil sie selbst so aufgeregt ist. Es ist schon schwer genug, beim ersten Auftritt außerhalb des Zirkus ruhig zu bleiben. Und ich wusste: Adri ist entspannt; auch wenn er mir bei all den Dingen rund um den Auftritt nicht helfen kann, beruhigt er mich.

Das Ganze war relativ kurzfristig geplant worden. Ich hatte später für den Ball, um mich nach dem Auftritt ein wenig in der Oper umzusehen, auch kein langes Kleid oder etwas annähernd Passendes zum Anziehen. Am Ende packte ich ein älteres, maßangefertigtes Kleid meiner Mama ein. Es war wunderschön und über und über mit Stift-Pailletten besetzt. Die Pailletten hatten einen Farbverlauf von Silber am Dekolleté bis zu Schwarz unten am Saum. An der Seite war das Kleid hoch geschlitzt. Die Stift-Pailletten – es waren Tausende – machten das Kleid tonnenschwer. Da wir zeitlich sehr knapp dran waren, konnten wir nur mit Handgepäck reisen. Ich habe mein Köfferchen zigmal gewogen, weil ich Angst hatte, dass es mit dem Kleid zu schwer sein würde und ich damit am Ende nicht in den Flieger steigen könnte. Schließlich habe ich alles, was nicht absolut unbedingt nötig war, aus dem Koffer herausgenommen oder in die Handtasche gestopft. Was sollte ich sonst tun – ich hatte ja kein anderes Kleid!

In der Semperoper gab es als Erstes eine Generalprobe des gesamten Ablaufs. Da war ich noch ziemlich entspannt. Aber als es dann losging und ich mit meinem Auftritt dran war, trat ich ins Licht der Bühne und dachte: Puh, das ist ja riesig, und es sind so viele Leute hier! Das hatte ich während der Probe gar nicht richtig realisiert. Erst jetzt, als ich ganz allein in der Dunkelheit stand, bemerkte ich, wie gigantisch groß die Bühne war und wie weit der Saal sich nach hinten ausdehnte. Ich ging dann im Black, also im Dunklen, in die Mitte der Bühne zu meinem Platz. Das war ein weiter Weg. Dann flammten die Scheinwerfer auf, und meine Musik spielte. Schließlich und endlich klappte alles super. Der Applaus in einem Opernhaus klingt auch noch einmal ein bisschen anders, sehr besonders. Noch heute finde ich, dass von der Stimmung und dem ganzen Ambiente dies eine meiner schönsten Galas war.

MEIN SCHWERSTER AUFTRITT

Der wirklich schwerste Auftritt war an dem Tag, als mein Opa gestorben ist. Zu der Zeit war uns allen klar, dass es ihm nicht gut ging. Der Arzt konnte uns nichts Genaues sagen, alles hing irgendwie in der Schwebe. Mama war nach Italien gefahren, um bei ihm zu sein. Die Nachricht kam also nicht komplett unerwartet – und trotzdem war es wie ein plötzlicher Hieb von der Seite. Es geschah kurz vor der Vorstellung. Vivi und ich waren gerade dabei, uns für das Opening aufzuwärmen. Ich saß also im Spagat im Backstagebereich, dehnte mich und checkte nebenbei kurz noch mal Instagram – da sah ich einen Post von einer unserer Großcousinen. Ich las nur »Er ist von uns gegangen«. Die Nachricht war ein Schock. Kurz und knapp auf Instagram erfuhr ich von dem Tod meines Opas. Für einen Moment blieb mir die

Luft weg. Da saß ich nun, hinter dem Manegen-Eingang, auf der Matte, mit meinem Handy in der Hand. Papa war nicht da, Mama war in Italien. Ich wollte, nein, ich konnte es Vivi nicht sagen, so kurz vor dem Auftritt. Später hat Mama mir erzählt, dass sie uns direkt vor der Show nicht Bescheid geben wollte. Sie wollte uns schützen. Sie wollte uns einfach nicht so aufgewühlt in die Manege lassen. Schließlich arbeitete Vivi in acht Metern Höhe, da oben unter der Zirkuskuppel. Mama hatte in diesem Moment allerdings nicht daran gedacht, dass man so eine Nachricht in einer riesigen Großfamilie in Zeiten der sozialen Medien nicht einfach zurückhalten kann.

Ein paar Minuten später gingen Vivi und ich in den Garderobenwagen, um uns zu schminken. Ich saß neben Vivi, blickte stumm in den Spiegel und trug den Lidschatten auf. Es war ein ganz seltsames Gefühl. Denn ich musste all meine Emotionen komplett zur Seite schieben. Ich durfte nicht darüber nachdenken, ich durfte mich einfach nicht damit befassen, was diese Nachricht wirklich bedeutete. Wenn ich das nur eine Sekunde zugelassen hätte, dann wäre ich wahrscheinlich in Tränen ausgebrochen und unfähig gewesen, vor Publikum zu treten. Ich durfte mich dieser Grenze nicht nähern, denn wenn ich die einmal überschritten hätte, wäre das wie ein Dammbruch gewesen. Das fühlte ich und das wusste ich.

Es war das Jahr, in dem wir mit den Rollschuhen das Opening machten und Vivi und ich später im Programm mit unseren eigenen Nummern auftraten. Also tat ich tapfer so, als hätte ich nichts gelesen, und blendete alle Gefühle aus. Ich musste nur bis zum Ende der Vorstellung durchhalten.

Vivi war mit ihrer Luftnummer vor mir im Programm dran. Mama rief sie dann nach ihrem Auftritt an und sagte es ihr. Jedenfalls wusste Vivi, dass Opa gestorben war, als ich nach meinem Auftritt aus der Manege kam. Dann war Zeit für Trauer und Schmerz.

Dies war eine neue Erfahrung, die mit nichts zuvor zu vergleichen war: Du weißt zwar, da kommt etwas auf dich zu, und es ist nur eine Frage der Zeit, dass du von deinem Opa Abschied nehmen musst, aber wenn es dann plötzlich passiert, wenn es endgültig ist, dann ist es doch etwas ganz anderes.

GLITZER UND KRISTALLE

Als wir 2014 mit dem Circus Roncalli in Innsbruck spielten, war die Familie Swarovski, die Erfinder und Hersteller der berühmten Swarovski-Schmuckkristalle, zu Besuch im Zirkus und sah sich die Show an. Anschließend luden meine Eltern sie in unseren Salonwagen ein. Als wir dann alle beisammensaßen, fragten sie, ob wir nicht irgendetwas gemeinsam machen könnten – die Swarovskis und der Circus Roncalli. Als Erstes war da die Idee für einen Vorhang aus lauter glitzernden Steinchen, doch dann schlugen sie vor, mir für meinen Auftritt ein ganz besonderes Kostüm mit Swarovski-Steinchen zu entwerfen.

Ich hatte zwar bereits ein Kostüm mit Glitzersteinchen, aber das war natürlich noch nicht *so* perfekt und mit *so* viel Glimmer-Glitzer besetzt. Dieses nudefarbene Kostüm hatte die Kostümschneiderin meines Vertrauens angefertigt, Frau Grache aus Wien. Zu ihr gehe ich, seit ich dreizehn Jahre alt bin. Ich entdeckte ihren Laden mit Tanz- und Ballettbedarf damals durch Zufall in Wien, als ich mir ein Paar neue Schläppchen kaufen musste. In ihrem Schaufenster hingen lauter wunderschöne Kostüme, die man auch kaufen konnte. Sie erzählte mir dann, dass sie alle selbst entworfen und geschneidert hatte. Spontan hatte ich gefragt, ob sie mir ein Kostüm machen würde. Das hatte dann so toll funktioniert, dass ich immer wieder zu ihr ging. Wir beide verstehen uns super: Ich zeichne meine Idee für ein Kostüm auf und schicke Fotos mit Beispielen, Details oder Kleinigkeiten, die ich irgendwo entdeckt habe. Dann fügt sie alles zusammen, zeichnet es noch einmal und schickt es mir zurück. Ich ergänze oder ändere erneut und wir schicken uns den Entwurf so lange hin und her, bis wir zufrieden sind. Das Kostüm sieht später dann auch exakt so aus, wie ich es mir gewünscht habe. Mit Frau Grache klappt das jedes Mal super.

Aber zurück zu dem Swarovski-Kostüm. Auf diesem speziell für mich entworfenem Kostüm befinden sich Steinchen in sechzehn verschiedenen Größen und in acht verschiedenen Farben. Keiner weiß genau, wie viele Steine tatsächlich auf diesem nudefarbenem Stück Stoff sind. Das Kostüm wurde mit einer ganz speziellen Technik hergestellt. Die Steine wurden auf den Stoff aufgedruckt und gepresst und im Anschluss noch einmal von Hand angenäht. Ich glaube, die sind am Ende mit dem Zählen nicht mehr hinterhergekommen. Das Tolle ist, dass man dieses Kostüm durch die aufwendige Herstellungstechnik nicht einfach kopieren kann. Es ist ein absolutes Unikat. Und wie das geliehene Kleid meiner Mama, das ich in der Semperoper trug, ist auch dieses Kostüm sehr schwer – so schwer, dass ich es nur liegend lagern kann. Am Anfang habe ich es auf einen Bügel gehängt, um es immer gut zu lüften, aber es wurde länger und länger. Mit dem Liegen ist es kein Problem, denn man kann das Trikot auch waschen.

Mit diesem einzigartigen Kostüm bin ich dann ein Jahr später in den Kristallwelten von Swarovski aufgetreten. Die Kristallwelten sind ein Museum und Park in der Nähe von Innsbruck mit Installationen und Kunstobjekten aus Kristallsteinen. Im Sommer finden im Außenbereich besondere Aktionen statt, und verschiedenste Künstler treten in diesem Rahmen auf. Für solch ein Sommer-Event wurden wir vom Circus Roncalli für zwei Monate engagiert – und dort hatte ich ein ganz besonderes Erlebnis.

Ich war nicht nur als Artistin vor Ort, sondern auch dafür zuständig, dass alles reibungslos lief. Als Familienmitglieder sind wird natürlich immer stärker verantwortlich als alle anderen. Wir präsentierten ja den Circus Roncalli. Die Zeit in Innsbruck war sehr anstrengend für mich: Drei Auftritte täglich, in zwei Monaten keinen einzigen *day off*, also freien Tag. Da das Gelände außerhalb der Stadt liegt, fuhren wir Künstler am Morgen gemeinsam mit einem Wagen dorthin. Anschließend waren wir neun Stunden in den Kristallwelten, bis es abends dann wieder zurück ins Hotel ging.

Ich hatte bis dahin noch nie *open-air* gearbeitet. Unter freiem Himmel – das sind noch einmal ganz andere Bedingungen. Man ist dem Wetter komplett ausgeliefert. Egal, ob es warm oder kalt, windig oder regnerisch ist. Das Publikum steht mit Schirm oder Schal vor deiner kleinen Bühne, doch du trittst in deinem dünnen Kostümchen auf und musst gut aussehen, auch wenn du bibberst oder in der brütenden Sonne schwitzt. An einem besonders heißen Tag hatte sich das Plexiglas meines Tisches, auf dem ich arbeitete, so sehr in der Sonne aufgeheizt, dass ich während der Nummer Brandblasen an den Fingern bekam! Der Klebstoff unter den Kristallsteinen löste sich! Zum Glück war jedes Steinchen zusätzlich angenäht! Am nächsten Tag fing es mitten in der Nummer an zu regnen. Trotzdem konnte ich natürlich nicht einfach aufstehen und gehen, auch wenn das Plexiglas spiegelglatt und rutschig war. Da bekommt man als Artistin Angst, denn plötzlich werden die Übungen unkontrollierbar, weil du keinen Halt mehr findest. Oder, wieder einen Tag später, umkreiste mich eine Biene. Die Woche darauf wehte ein so starker Wind, dass er mir die Tücher, die ich kreisend balanciere, aus der Hand riss. Wir hatten wirklich mit allem zu kämpfen. Das Einzige, das wir nicht hatten, war Schnee. Das Wetter zwischen den

Bergen in Innsbruck wechselt so blitzschnell, dass man sich nicht vorbereiten kann. Es war jeden Tag eine neue Überraschung.

Außerdem war völlig neu für mich, dass vor meiner kleinen Bühne nur die Leute stehen blieben, die gerade im Park zufällig vorbeiliefen. Es kam keiner meinetwegen oder wegen der Show. Ich war einfach eine der Attraktionen im Park. Bis dahin war ich nur ein großes und auf die Manege konzentriertes Publikum gewöhnt. Da war stets ein Abstand, selbst zwischen Logen und meinem Podest in der Manege. Außerdem erahnst du im Scheinwerferlicht nur das Publikum, aber du nimmst die einzelnen Personen nicht konkret wahr. In den Kristallwelten standen die Menschen auf einmal ganz dicht vor mir. Ich konnte jedem ins Gesicht schauen. Ich sah jede Reaktion und hörte vor allen Dingen jeden Kommentar. Im Zirkus ist so etwas durch die Musik undenkbar!

Unter den Besuchern des Parks und des Kristall-Museums waren auch viele Reisegruppen ganz unterschiedlicher Kulturen. Manche liefen plötzlich weg, weil sie es anscheinend nicht so gut fanden, dass ich in einem hautengen, nudefarbenem Kostüm auf dem Tisch turnte und mich verbog. Das fühlte sich schon komisch an, wenn eine kleine Show stattfand und in dem Moment, in dem mein Auftritt startete, zwanzig Leute davonrannten. Während ich in glühender Hitze oder unter starken Windböen versuchte, mein Bestes zu geben! Manche Leute fanden das einfach anstößig. Manchmal fingen einige Zuschauer tatsächlich an, in etwas Entfernung zur Bühne, zu diskutieren. Ich bekam alles mit, auch wenn mir nicht immer gefiel, was ich da hören musste – das war schon eine Herausforderung. Aber auch diese Erfahrungen haben mich als Artistin weitergebracht und auf eine bestimmte Weise kompletter gemacht. Ich habe wieder einmal gelernt, mit neuen Dingen umzugehen.

VERLETZUNGEN UND UNFÄLLE

Ehrlich gesagt, hatte ich großes Glück und habe mich eigentlich nie richtig schlimm verletzt. Meine Schwester Vivi hatte es allerdings einmal ziemlich hart getroffen. Das war gleich im ersten Jahr unserer Rollschuhnummer, ganz zu Beginn der Saison, in Düsseldorf. Das Schräge war, dass es bei einer Übung passierte, bei der sie mein *Porteur* war. Sie wurde also nicht selbst herumgewirbelt, sondern hat mich gehalten – und dabei stürzte sie unglücklich. Sie hatte sofort schreckliche Schmerzen. Aber Vivi war so verrückt, dass sie uns erst einmal gar nicht sagte, *wie* sehr es wehtat. Sie arbeitete einfach klaglos am nächsten Tag weiter – bis sie die Schmerzen nicht mehr verbergen konnte und die ganze Familie in ihrem Gesicht sah, wie sehr sie litt. Da hat meine Mama sie zum Arzt geschickt. Die Diagnose war: mehrere

Rippenbrüche! Der Arzt sagte, sie sei wahnsinnig, dass sie damit noch aufgetreten sei. Vivi ist wirklich hart im Nehmen und für mich ein echtes Vorbild. Natürlich musste sie dann erst einmal aussetzen und sich schonen. Alles andere wäre viel zu gefährlich gewesen und sowieso unerträglich schmerzhaft. Bei einem Rippenbruch tut schon ein bisschen Lachen höllisch weh. Man kann sich also vorstellen, was sie da bei einem Auftritt durchstehen musste. Jetzt hatten wir ein Problem: Die Nummer und die Zeit, die der Auftritt dauert, sind fest im Programm eingeplant. So ein Zirkusprogramm ist auf die Sekunde genau durchgetaktet. Da kann ein Act nicht ohne Weiteres rausgenommen werden, sonst kommt es mit den Umbauzeiten nicht hin, oder manche Artisten tauchen mehrmals auf und müssen das Kostüm tauschen. Außerdem wären die Menschen, die die Tickets gekauft haben, enttäuscht. Da war etwas in den Zeitungen und Medien angekündigt, und dann wird es nicht gezeigt! Also musste ich einspringen und an nur einem Tag Vivis komplette Tricks lernen. Das war bereits sehr hart. Auch als einziges Mädchen in der

Rollschuhnummer zu performen. Ich hatte nicht mal eine Sekunde, um von einem Trick zum anderen kurz durchzuatmen und mich neu zu sammeln. Puh, was für eine Belastung. Ich war ja erst fünfzehn Jahre alt. Zum Glück hatte ich keine Zeit, groß darüber nachzudenken. Es dauerte dann alles in allem einen guten Monat, bis Vivi wieder arbeiten konnte. Sie fehlte mir echt.

Meine einzige echte Verletzung ist mir im Training passiert, nicht während einer Show. Wir hatten lange nicht trainiert und mit der Rollschuhnummer pausiert. Der Circus Roncalli hat eine mehr oder weniger feste Tournee. Das heißt, wir gastieren regelmäßig alle zwei oder drei Jahre in denselben Städten. Dort müssen wir natürlich, wenn wir wiederkommen, ein neues Programm präsentieren. Darum wurde die Rollschuhnummer auch nach drei Jahren aus dem Programm gestrichen.

Wir haben zwar weitertrainiert, aber nur unregelmäßig, einfach nur, um drinzubleiben, für Galas oder falls wir ein paar Tricks als Farbtupfer in das Opening einbauen wollten.

Mein Sturz passierte nicht einmal bei einem richtigen Trick. Es war eine ganz einfache Basic-Übung, die wir machen, um Tempo zu bekommen. Adri hält mich dabei an den Händen, meine Beine liegen auf seinen Schultern, und wir drehen uns. Ich bin dabei ganz gerade wie ein Brett und hänge kopfüber. So startet man fast jeden Trick, weil man in dieser Position genügend Tempo entwickeln kann, um sich dann in die nächste Position zu bewegen. Adri hatte eine wahnsinnige Geschwindigkeit drauf. Ich weiß nicht, ob irgendein Teilchen, Schmutz oder was auch immer auf dem Tisch lag oder an seinen Rollen klebte – plötzlich rutschte er und stürzte. Es war einfach Pech. Alles ging so schnell, dass ich nur noch meinen Kopf einziehen und somit schützen konnte. Da krachte meine Schulter mit voller Wucht auf die Kante des Podestes. Bei der Schnelligkeit konnte ich einfach nichts mehr machen. Es tat auf der Stelle wahnsinnig weh. Zuerst dachte ich, das war nur der Schreck oder eine Verkrampfung der Muskeln, weil mein Körper irgendwie ganz reflexartig reagiert hatte. Aber am nächsten Tag konnte ich mit dem Arm die Tür nicht mehr öffnen oder meine Hose schließen. Ich hatte so starke Schmerzen, dass ich zum Arzt musste.

Dort kam heraus, dass ich mir das Schulterblatt angebrochen hatte.

Beim Schulterblatt kann man sowieso nicht wirklich etwas tun, denn die Schulter kann man ja schlecht eingipsen. Natürlich durfte ich nicht alles machen. Ich sollte auf keinen Fall schwere Dinge heben oder drücken, aber die meisten Übungen meiner Kontorsion waren in Ordnung. Die Rollschuhnummer ging natürlich gar nicht. Da lag zu viel Gewicht, zu viel Zug auf den Schultern. Aber zu der Zeit bin ich glücklicherweise nur mit der Kontorsion im Programm aufgetreten. So stellte ich einfach etwas um und ließ zwei, drei Tricks aus.

Ich hatte bisher das Glück, dass ich noch nie mit einer Nummer in einem Programm oder bei einer Gala komplett ausgefallen bin. Aber so ist das im Zirkus: Wir arbeiten, solange es irgendwie geht. Das hört sich heftig an, aber es ist wirklich so. Artisten würden sich nie krankschreiben lassen. Entweder geht es gar nicht mehr oder man reißt sich zusammen. Ein »Heute geht es mir nicht so gut« gibt es nicht. Erkältung oder Fieber sind kein Grund. Ich bin auch schon mit Fieber aufgetreten, da lasse ich zur Not das Opening aus oder das Finale und lege mich gleich nach dem Auftritt wieder ins Bett, damit ich schnell wieder fit bin. Das haben wir schon von meinem Opa gelernt. Der hat gesagt: »Wenn es irgendwie geht, tritt man auf.« Man lässt die Kollegen nicht im Stich, man hat Verantwortung dem Publikum gegenüber, man möchte niemanden enttäuschen und man möchte den Ablauf nicht stören. Außerdem haben wir Artisten eine große Leidenschaft für unsere Arbeit. Das ist nicht irgendein Job, den man jetzt macht, weil man ihn machen muss. Man will seinen Teil dazu beitragen.

Schließlich und endlich bin ich die Tochter meines Vaters. Ich muss ein Vorbild sein. Ich muss mich so verhalten, wie wir es von den Artisten, die wir engagieren, erwarten. Das gilt grundsätzlich, finde ich, für alle Bereiche: Ich kann nicht einfach machen, was ich will, schluderig arbeiten oder zu spät kommen. Im Gegenteil! Wenn alle Artisten zwei Stunden vor der Show da sein sollen, habe ich versucht, noch eine halbe Stunde früher backstage im Garderobenwagen zu sein. Damit ich die Erste bin. Ich wollte auf keinen Fall, dass irgendjemand den Eindruck bekam, ich würde mir die Rosinen rauspicken, weil ich die Tochter des Direktors bin. Darum war mir auch immer klar, dass ich wahnsinnig professionell sein musste. Wie sollte ich sonst jemals andere Artisten kritisieren? Ich musste nie bei meinem Papa »petzen« gehen, wenn mich unprofessionelles Verhalten bei anderen störte. Ich konnte es dem- oder derjenigen direkt sagen, weil ich mir den Respekt erarbeitet hatte.

Zum Glück kamen solche Situationen nur ganz, ganz selten vor. Außerdem gibt es noch Patrick, Geraldines Vater, der immer alles fest im Blick hat.

Für das Jahr 2019 musste ich eine große Entscheidung treffen: In der Schule standen die letzten, entscheidenden Prüfungen an. Es war klar, dass ich zwei Shows am Tag, plus Training und Lernen nicht schaffen würde und somit während der Prüfungsphase im Programm fehlen würde. Wir überlegten dann gemeinsam in der Familie und beschlossen, dass ich mich das erste halbe Jahr auf die Schule konzentriere und gelegentlich bei Galas, also einzelne Auftritte, mitmache. Erst nach den Prüfungen wollte und sollte ich dann wieder in das laufende Zirkusprogramm einsteigen. Doch dann kam die Anfrage für die Swarovski-Welten, von denen ich bereits erzählt habe. Ich sagte zu, und damit war entschieden, dass es keinen Sinn ergab, mit meiner Kontorsionsnummer nach dem Sommer wieder Teil des Zirkusprogramms zu werden. Bis zu dem Zeitpunkt würde es ein gut funktionierendes, eingespieltes Programm sein. Ein später Einstieg hätte alles nur durcheinandergebracht. Meine Lehrerin Johanna sagte damals: »So, bevor du nach diesem Swarovski-Engagement einen Leerlauf hast, gehst du zwei Monate nach Amerika und perfektionierst dein Englisch.« Wow! Amerika! Das klang aufregend. Das wollte ich unbedingt! Neben dem Englischlernen war es meiner Lehrerin auch wichtig, dass ich selbstständiger werde. Sie sagte immer: »Eine Frau muss unabhängig sein.« Sie hat mich da wahnsinnig gepusht. Im Zirkus ist es eigentlich nicht notwendig, wirklich unabhängig zu sein. Alles ist geregelt, alles wird gemacht, ich muss als Artistin nur da sein und auftreten. Darum war meine Lehrerin Johanna der Meinung, dass ich mal ganz allein Erfahrungen sammeln sollte. Ich war 21 Jahre alt und bis dahin noch nie ohne meine Familie oder das Zirkusteam irgendwo gewesen. Also recherchierte Johanna und fand für mich einen Kurs, der sich toll anhörte, »English and Business« – und meldete mich dort an.

New York – als Stadt und Ort – war mein Wunsch gewesen. Ich dachte, wenn ich schon weg von zu Hause bin, dann ist es egal, ob es 800 Kilometer sind oder gleich ein paar Tausend. Wenn schon, denn schon.

Für meine Eltern war mein Entschluss auch etwas ganz Neues: Es war nämlich das erste Mal, dass eines ihrer Kinder so lange von ihnen getrennt sein würde. Obwohl ich die Jüngste war! Aber sie wussten, dass ich ein eher vernünftiger Typ bin und dass sie sich keine Sorgen machen mussten. Nachts ewig lang um die Häuser ziehen und feiern ist sowieso nicht so meine Sache.

Mama hat mich dann zum Flughafen gebracht. Ich glaube, für sie war es schon ein seltsames Gefühl. Bestimmt hat es ihr geholfen, dass ihre Schwester in den USA lebt – zwar ganz woanders, ziemlich weit weg von New York, aber doch im selben Land. Das hat sie beruhigt: Im Notfall wäre jemand auf demselben Kontinent.

Für mich war es hilfreich, dass ich vorher schon für zwei Monate bei den Kristallwelten in Innsbruck gewesen war. Gut, da waren Geraldine und andere

Artisten dabei, und ich war nicht ganz allein, aber ich hatte mich schon einmal zuvor etwas von meiner Familie gelöst.

Als ich in New York gelandet bin und mir ein Taxi suchte, war noch alles okay. Aber als ich dann im College ankam, war es schon hart für mich. Es gab nur Dreierzimmer, und ich musste mir einen Raum mit gleich zwei fremden Mädchen teilen. In der Hinsicht bin ich doch relativ verwöhnt aufgewachsen. Wenn wir unterwegs waren, hatte ich immer ein Hotelzimmer für mich. Ich musste mir höchstens einen Raum mit meiner Schwester teilen. Und als ich da in diesem Zimmer in New York stand, dachte ich: Puh, hier kann ich nicht zwei Monate leben. Das halte ich nicht aus. In dem Moment war ich schon relativ verzweifelt. Aber am Ende war es überhaupt nicht schlimm. Ich habe gemerkt, dass ich eigentlich ganz locker damit umgehen kann. Wir waren die meiste Zeit doch eher zu zweit in unserem Zimmer. Meine Mitbewohnerin kam aus Korea. Ihr Englisch war noch nicht ganz so gut, das heißt, wir hatten manchmal echt Kommunikationsschwierigkeiten, aber es war okay. Wir waren nicht sonderlich eng miteinander befreundet, aber wir kamen wunderbar miteinander aus. Der Alltag funktionierte: Wir waren etwa gleich ordentlich oder laut. Und so viel Zeit verbrachte ich gar nicht in meinem Zimmer. Ich hatte jeden Tag Kurse und viel um die Ohren. Das Programm war sehr international, und ich habe schnell bei Mitstudenten Anschluss gefunden. Wir waren nach dem Unterricht jeden Tag unterwegs, um uns die Stadt anzusehen. New York ist einfach riesengroß, und man hat alles: Unglaublich viele Museen, jeder Stadtteil sieht komplett anders aus. Brooklyn ist wahnsinnig cool, die Upper East Side ist wieder ganz anders, superschick, so wie man es aus dem Fernsehen und Kino kennt. Man hat an jeder Ecke verschiedene Menschen, eine andere Stimmung. Ich habe mich von Anfang an richtig wohlgefühlt. Das Einzige, was ich wirklich vermisst habe, war mein Hund. Ich kam zurück in mein Zimmer, und da war keine Chanel. Ich habe gemerkt, dass ich ein richtiger Hundemensch bin. Sie hat mir schrecklich gefehlt.

Die ersten zwei Wochen war ich als »Mega-Touristin« unterwegs und habe mir all die für New York typischen Sehenswürdigkeiten angeguckt: das Empire State Building, den Times Square und, und, und … Ich hatte immer das Gefühl, dass ich New York irgendwie schon kenne, ganz sicher wegen der Serien und Filme, die ich gesehen hatte. Oft denkt man, ah, das ist doch die Straße oder das Geschäft oder das Hotel aus der Szene in dem Film.

Außerdem hatte ich das Riesenglück, dass eine Artistin, mit der ich zwei Jahre zuvor zusammengearbeitet hatte, genau zur selben Zeit in New York ein Engagement hatte. Und dann spielte auch noch ein Zirkus dort, bei dem mein Onkel früher einmal gearbeitet hatte. Die Zirkusleute kannte ich zwar vorher nicht, aber ich habe auch dort schnell Anschluss gefunden. Das war richtig cool, denn obwohl ich in New York so weit weg von zu Hause war, hatte ich sofort zwei Freundeskreise: einmal die Studenten und dann die Zirkusmenschen.

Statt anderer Zirkusshows habe ich mir aber – zur Inspiration für mich und den Circus Roncalli –

jede Menge Musicals angeschaut. Das war unglaublich. Total beeindruckend. Am liebsten mochte ich – auch wenn es nicht neu ist – den *König der Löwen*.

Ich könnte mir auf jeden Fall vorstellen, noch einmal für ein paar Monate nach New York zu gehen. Aber ganz da zu leben, für immer, käme für mich momentan nicht infrage. Ehrlich gesagt, kann ich mir sowieso nicht vorstellen, mein ganzes Leben an nur einem Ort zu verbringen. Wenn ich aber in einer Stadt für immer wohnen müsste und nie mehr verreisen dürfte, klar, dann wäre es eine Metropole wie New York, eine Stadt mit so unglaublich viel Abwechslung.

ZIRKUSPRINZESSIN UND MEIN NEUER NAME LILI PAUL-RONCALLI

Ich erinnere mich noch gut daran, dass meine Schwester und ich in der Zeitung plötzlich *Zirkusprinzessinnen* genannt wurden. Als ich das wahrnahm, war ich so 9 oder 10 Jahre alt, also am Ende meiner Grundschulzeit. Ich fand das irgendwie seltsam. Bis dahin hatte ich mir nie Gedanken gemacht, wem was im Zirkus *gehörte*. Es gab einfach viele Menschen, ein großes Team: von den Artisten, über die Technik und das Orchester, bis hin zu den Requisiteuren, die oft schon so lange dabei waren, wie ich denken kann. Für mich wohnte jeder in *seinem* Wagen, und wir traten in *unserem* Zelt auf. Es hat mich, ehrlich gesagt, nie besonders interessiert, wer nun genau der Besitzer war. Mein Bruder Adri war da ein bisschen anders. Er ging auch gern mal über den Platz und sagte: »Das gehört alles mir.«

Ich habe sehr früh gespürt, dass dieses »Das ist unser Zirkus« eine große Verantwortung mit sich bringt. Denn wenn das alles *uns* gehörte, dies der Zirkus meiner Familie war, dann bedeutete das auch, dass wir uns gut darum kümmern mussten. Schließlich war der Zirkus das Zuhause vieler Menschen.

Und davon ganz abgesehen – ich wollte keine Prinzessin sein! Ich dachte mir damals: Prinzessinnen? Die machen doch den ganzen Tag nichts und sitzen nur rum und sind schön. Wie langweilig ist das denn?! Das wollte ich überhaupt nicht!

Damals machte ich im Zirkus das Opening mit. Natürlich musste ich das nicht tun. Es war meine freiwillige Entscheidung, und es hat mir großen Spaß gemacht, einfach dabei zu sein. Aber das hieß nicht, dass ich nach Lust und Laune auftreten konnte. Wenn ich einmal nicht dabei sein konnte, weil ich zum Beispiel meine Familie irgendwohin begleiten musste – es gab ja auch da Pflichttermine, dann musste ich mich rechtzeitig bei Patrick, Geraldines Vater abmelden. Das war mein Job in der Manege. Das war kein Spiel.

Statt diesen Titel, *Zirkusprinzessin*, mit mir rumzutragen, habe ich mir dann lieber einen Künstlernamen zugelegt, der meine Zugehörigkeit zum Circus Roncalli zeigt. Eigentlich heiße ich ja ganz normal *Paul* mit Nachnamen, wie meine Eltern. Als ich anfing, außerhalb des Circus Roncalli aufzutreten, wurde immer gesagt »Lili Paul vom Circus Roncalli«. Manchmal wollten die Moderatoren diesen Zusatz bei Fernsehshows weglassen, aber ich bin nun mal ein Kind des Circus Roncalli. Und vor »Let's Dance« sagte nicht jedem der Name *Paul* etwas. Übrigens wird mein Papa tatsächlich oft mit »Herr Roncalli« angesprochen. In der Grundschule haben die Lehrer ständig gesagt: »Und das ist die Lili Roncalli.« Ich weiß nicht, ob sie nicht auf den Zettel geguckt hatten oder ob einfach alle davon ausgegangen waren, dass Roncalli unser Familienname ist. Schließlich fand ich es unkomplizierter und irgendwie eleganter, das dann einfach zu meinem Künstlernamen zu machen. Der Zirkus ist und bleibt für immer ein Teil von mir, und darum trage ich ihn jetzt auch im Namen: Lili Paul-Roncalli.

MEINE BESTE FREUNDIN

Meine beste Freundin, über all die Jahre, ist Geraldine. Sie ist fast wie eine zweite Schwester für mich. Wir sind von klein auf zusammen gewesen und haben mehr oder weniger immer an einem Ort, dem Zirkusplatz, gelebt. Wir sind gemeinsam in die Schule gegangen, wir haben zusammen trainiert. Jahrelang waren wir unzertrennlich. Wir werfen uns heute noch gegenseitig Sachen an den Kopf, die bei anderen Freundinnen sicher nicht so durchgehen würden. Geraldine hat eine sehr direkte Art, sie nimmt kein Blatt vor den Mund. Das ist manchmal ein bisschen hart, aber eigentlich hat sie dann recht. Das macht Geraldine zu einer sehr guten Kritikerin.

Meine erste, richtig starke Erinnerung habe ich an einen Moment mit ihr, als ich fünf Jahre alt war. Wir hatten uns wegen irgendwelcher Barbies gestritten. Plötzlich hat sie mir in die Stirn gebissen und ist weggelaufen. Nach einer Stunde haben wir uns vertragen und wieder gespielt. Keiner weiß, warum sie mir in die Stirn gebissen hat, aber wir lachen noch heute über diese witzige Erinnerung. Ihr jüngerer Bruder Justin ist wie »mein kleiner Bruder«. Ich hatte nie jüngere Geschwister, und da war Justin für mich eine Art *Ersatz-Kleiner-Bruder*, den man auch mal ein bisschen ärgern konnte.

Wenn ich zurückdenke, gibt es kaum eine Kindheitserinnerung ohne Geraldine. Sie war immer dabei. Über achtzehn Jahre lang. Es war total komisch für mich, als sie die Roncalli-Tour verließ und bei einem anderen Zirkus ein Engagement annahm.

Ich war es gewohnt, dass alle Menschen im Zirkus kamen und gingen – aber die Freundschaft mit Geraldine war bis dahin meine große Konstante gewesen.

Und das ist sie auch über große Entfernungen zum Glück immer noch. Selbst wenn wir in unterschiedlichen Ländern arbeiten, halten wir Kontakt – schreiben, whatsappen, sprechen über Videocalls –, wir finden immer einen Weg. Und wir versuchen, uns so oft wie möglich zu sehen. Mal haben wir uns auf Ibiza besucht, mal in Dänemark getroffen. Natürlich ist es anders, aber unsere Freundschaft hat das immer gut überstanden. Außerdem haben wir beide unsere Basis, unsere Elternhäuser, in Köln. Ich muss aber auch sagen, dass keine von uns böse oder beleidigt ist, wenn wir mal länger nichts voneinander hören. Wir wissen dann, die andere hat viel zu tun oder es gibt einfach gerade nichts zu erzählen.

Leider ist ein gemeinsames Engagement mit unseren beiden Nummern in einer Show schwierig. Denn wir sehen uns zu ähnlich! Wir haben beide dunkle, lange Haare, sind fast gleich alt und machen beide Kontorsion – auch wenn unsere Darbietungen völlig unterschiedlich sind: ich mache etwas mit Tüchern, Geraldine arbeitet mit Hula-Hoop und Ringen. Aber die Kontorsion ist nun mal die Basis unserer jeweiligen Nummer. Und wenn die Regisseure oder Produzenten ein Programm zusammenstellen, wollen sie natürlich ein möglichst buntes, vielfältiges Programm. Wer uns beide nur kurz für fünf Minuten in der Manege sieht und flüchtig hinschaut, denkt bestimmt: Oh, das ist dieselbe, die hat ja zwei Nummern. Konnten die sich keine weiteren Artisten leisten?

Das ist bei uns beiden so wie bei vielen leiblichen Schwestern: Sie sehen sich in Wirklichkeit nicht ähnlich, aber dadurch, dass sie so viel gemeinsam gemacht haben, haben sie sich in der Art, zu sprechen oder sich zu bewegen, mit der Zeit angeglichen. So ist das auch bei Geraldine und mir: Wir haben immer gemeinsam trainiert, parallel unsere Show Acts entwickelt, uns Tipps gegeben und uns dabei sicher etwas voneinander abgeschaut. Das passiert dann ganz automatisch und unbewusst.

Witzigerweise haben wir bislang nie überlegt, wirklich einmal mit einer gemeinsamen Nummer aufzutreten.

Geraldine begleitet mich auch jetzt oft in meiner neuen Welt, der Fernsehwelt. Sie kommt dann mit und schaut sich die Show live an. Und wenn das aus irgendeinem Grund nicht geht, guckt sie sich auf jeden Fall die Ausstrahlungen im Fernsehen an. Ich glaube, sie findet diese Fernsehshows ganz lustig. Ich frage sie häufig nach ihrer Meinung und kann mich darauf verlassen, dass sie ehrlich mit mir ist. Das ist das Wichtigste, dass man seine normale, geerdete Welt in dieser schnelllebigen, flüchtigen Show-Welt nie verliert.

Geraldine und ich waren uns immer unseres Glücks bewusst: Denn im Zirkus eine Freundin gefunden zu haben und über so einen langen Zeitraum zusammen sein zu können, das ist eine echte Seltenheit.

In unserem Leben ist nichts passiert, ohne dass die andere weiter als zehn Meter entfernt war. Ich kenne viele Artisten, die so etwas nie hatten, eine beste Freundin.

WAHRE SCHÖNHEIT

Im Showbusiness geht es oft um vordergründige Schönheit. Als Kind habe ich auch immer diese schönen, gut aussehenden Menschen bewundert. Bis zu der Saison, als bei uns im Zirkus eine neue, sehr hübsche Künstlerin ankam. Sie hatte langes, dunkles Haar, leuchtend grüne Augen, ein hübsches Gesicht und eine schlanke, durchtrainierte Figur. Zu Beginn dachte ich: Was für eine bildschöne Frau. Alle im Zirkus dachten das. Aber als ich sie am Ende der Saison angeschaut habe, war für mich von ihrer Schönheit nichts mehr übrig – und das lag einzig und allein an ihrem grausigen Charakter, der sich im Laufe der Zeit gezeigt hatte.

Als ich sie kennenlernte, war sie noch ganz nett und freundlich, aber nach und nach kam ihr wahres Ich zum Vorschein. Sie dachte, sie wäre etwas Besseres, und behandelte die anderen Leute, die sie unterstützten, die Requisiteure und alle Helfer im Zirkus, mies. Sie grüßte sie nicht und sagte auch nie »Danke«. Das geht meiner Meinung nach überhaupt nicht! Wir leben auf engem Raum zusammen, da kann man doch nicht einfach zu einem »Hallo« sagen und zum anderen nicht! Aber diese Person war so von oben herab und glaubte anscheinend, sie sei die tollste Artistin der Welt. Nett war sie nur zu den Menschen, von denen sie dachte, dass die sie weiterbringen. Ihre Schönheit verblasste mehr und mehr hinter dem hässlichen Charakter – bis nichts mehr übrig war.

Umgekehrt habe ich häufig erlebt, dass mir Menschen am Anfang gar nicht besonders auffallen, und umso länger ich sie kenne, umso schöner werden sie. Weil sie von innen schön sind, weil sie gute Menschen sind. Diese Ausstrahlung, dieses innere Licht, glaube ich, ist das Wichtigste. Das zählt viel, viel mehr als alles andere.

Zur Schönheit gehört für mich nicht, einfach nur ein ebenmäßiges Gesicht oder eine perfekte Figur zu haben. Schön ist ein Mensch, der zu jedem gleich freundlich ist. Der nicht nur gut zu denen ist, die ihn vielleicht weiterbringen oder ihm einen Vorteil verschaffen können.

Dankbarkeit zählt auch dazu. Eigentlich ist es gute Erziehung, dass man sich ordentlich bedankt und anständig nach Dingen fragt. Es geht um die Wertschätzung des anderen. Dass wir wahrnehmen und zeigen, dass wir schätzen, was andere für uns tun. Denn es ist ja nicht selbstverständlich.

Ehrlichkeit ist mir besonders wichtig. Falsche Menschen um mich zu haben, empfinde ich als sehr energieraubend, das ist schrecklich. Ich möchte meine Zeit nicht an solche Menschen zu verschwenden.

Eine positive Einstellung macht einen Menschen schöner. Man kann in den Tag gehen und sagen: »Oh, Mann, heute regnet es ja wieder schrecklich, wie furchtbar.« Oder man kann in den Tag gehen und denken: Hey, es regnet, das ist gut für die Natur. Dann gucke ich mir heut einen Film an oder nutze die Zeit anders. Wir sollten immer versuchen, das Gute zu sehen.

All diese Dinge machen einen Menschen schöner, und am Ende ist es das, was wir in diesem Menschen sehen: das Gute, das in ihm liegt – oder eben nicht. Denn umgekehrt gilt das natürlich auch. Es gibt Eigenschaften, die einen Menschen für mich hässlich machen: Arroganz, zu denken, jemand Besseres zu sein, sich in seiner Bedeutung völlig zu überschätzen – und vor allen Dingen: Egoismus. Diese Eigenschaften lassen jede äußerliche Schönheit früher oder später vergehen.

Ein großes Vorbild und ein Mensch von unglaublicher innerer Schönheit ist meine Mama. Sie ist eine Mama für alle. Sie ist zu allen gleich gut, da gibt es keinen Unterschied, egal, welche Position wer im Zirkus hat. Alle kommen zu ihr mit ihren Problemen. Auch wenn sie die *Chefin* ist, hat niemand Angst vor ihr oder traut sich nicht, ihr sein Herz auszuschütten.

Zum Glück haben meine Eltern uns Kindern früh beigebracht, dass man genau hinschauen muss, dass man filtern muss, was aufrichtig gut und was bloße Schleimerei ist. Denn natürlich birgt es eine besondere Gefahr, wenn die Eltern Chefs des Unternehmens sind. Es gibt immer Menschen, die sich nur deshalb besonders Mühe geben. Aber früher oder später fällt dann die Maske.

Ich bin froh, dass ich dafür gut gerüstet bin, und es hilft mir jetzt, wo ich plötzlich unabhängig vom Zirkus im Rampenlicht stehe, aufmerksam zu sein, genau hinzuschauen – und mich nicht von Äußerlichkeiten blenden zu lassen.

SIEGFRIED UND ROY

Es gibt nicht wirklich viele, echte Showlegenden. Die weltberühmten Magier Siegfried und Roy gehören zweifelsohne dazu. Das Hotel Mirage in Las Vegas, USA, wurde praktisch um ihre Showbühne herum gebaut. Michael Jackson hat einen Song für sie komponiert und gesungen. Unzählige Hollywoodstars waren mit ihnen befreundet. Sie sind und waren für mich die größten, erfolgreichsten Zauberer der Welt.

Siegfried und Roy kommen aus Deutschland. Sie starteten ihre Karriere auf einem Kreuzfahrtschiff als zaubernde Kellner. Später wurden sie weltberühmt. Niemand hat länger als sie in einem eigenen Theater in Las Vegas gespielt.

Immer, wenn sie Heimaturlaub machten, besuchten sie auch den Circus Roncalli.

Ich habe Siegfried und Roy das erste Mal in Bremen getroffen. In dem Moment, als sie ihren Besuch im Circus Roncalli ankündigten, schwirrte die Luft. Die Artisten waren völlig aus dem Häuschen und nervöser als bei jeder Premiere. So etwas hatte ich noch nie erlebt, wirklich alle waren angespannt. Jeder wollte sein Bestes geben.

Siegfried und Roy saßen ganz vorne in einer Loge in der Mitte.

Ich war schrecklich aufgeregt. Was für eine Ehre, vor diesen Showlegenden auftreten zu dürfen! Ich war extrem konzentriert und kann mich gar nicht mehr erinnern, wie ich meine Kontorsionsnummer durchgestanden habe. Aber es fühlte sich toll an! Das Größte aber kam hinterher: Beide, Siegfried und Roy, schickten mir Blumen! Zweimal! Ich hatte zwei wunderschöne Sträuße, und der von Roy war mit roten, langen Rosen. In jedem Strauß steckte eine Karte mit persönlichen Worten. Mehr als das, was ich machte, lobten sie, wie ich es machte. Sie gratulierten mir zu meiner Ausstrahlung. Es bedeutete mir ehrlich gesagt noch viel mehr, dass ich die beiden mit meiner Darbietung erreicht und berührt hatte! Sie hatten schließlich schon alles und jeden der Showwelt gesehen, alle großen Stars in Las Vegas und den Bühnen der Welt – und dann schickten sie *mir*, Lili Paul, Blumen und beglückwünschten mich! Siegfried kam uns dann sogar noch im Wohnwagen besuchen. Ein so herzlicher Mensch, so freundlich, so liebenswert – ich war total beeindruckt. Roy ging es damals schon gesundheitlich nicht so gut, nach seinem schweren Unfall. Während einer Show in Las Vegas hatte er einen Schlaganfall erlitten. Einer seiner Tiger wollte ihn retten und hat ihn von der Bühne gezogen. So hat es uns Siegfried erzählt. Als Folge des schweren Unfalls und des Schlaganfalls konnte Roy nur schwer laufen und sprechen. Ein Besuch bei uns im Wohnwagen wäre zu beschwerlich gewesen. Aber dafür passierte etwas noch Tolleres: Siegfried und Roy luden mich zu sich nach Hause in Las Vegas ein!

Zu der Zeit lebten auch Cousinen von mir in Las Vegas und arbeiteten dort in einer Show. Und so machten sich meine Mutter und ich auf die Reise nach Las Vegas!

Siegfried und Roy hatten in Nevada ein riesiges,

wunderschönes Anwesen. Alle waren sehr nett und aufmerksam uns gegenüber, ihr ganzes Team hieß uns willkommen.

Die beiden Magier erwarteten uns in einem großen Raum mit einer langen Tafel. Wir haben uns unterhalten, und danach sind wir spazieren gegangen und sie zeigten uns das Gelände rund um die Villa. Am Ende meines Besuchs passierte etwas Unglaubliches, mit dem ich nie, nie, niemals im Leben gerechnet hätte:

Roy schenkte mir das Armband und die Kette, die seine Mutter getragen hatte. Den Familienschmuck! Ich weiß nicht, warum er gerade mich für etwas so Besonderes ausgewählt hatte. Er sagte nur, er wisse, dass er bei mir in guten Händen sei. Siegfried und Roy waren *Vollblutkünstler*, die mit unglaublicher Leidenschaft ihren Beruf ausübten. Ich glaube, sie hatten gemerkt, dass es bei mir genauso ist. Und das ist natürlich eine starke Verbindung, die man spürt. Vielleicht hatten sie sogar etwas von sich selbst in mir wiedererkannt? Kurz, wir waren einfach auf einer Wellenlänge. Ich kann nur vermuten, dass, da beide keine

Kinder hatten, Roy diese für ihn so wertvollen Stücke an jemanden geben wollte, der fühlte, wie er. Es war jedenfalls überraschend und etwas, mit dem ich niemals gerechnet hätte.

Für mich sind beide fantastische Vorbilder: Siegfried und Roy waren zu allen so offen und nett, zu jedem in ihrem Team, aber auch zu jedem Fan, der zu ihnen kam. Alle Mitarbeiter haben sie geliebt. Man spürte, wenn man in den Raum kam, was für herzensgute Menschen beide waren. Ebenso merkte man, dass sie sich alles, ihr Lebenswerk, hart erarbeitet hatten. Sie hatten es aus eigener Kraft geschafft, sich diese unglaubliche Weltkarriere aufzubauen. Sie hatten den Ruhm wirklich verdient.

LET'S DANCE

Als 2019 die Anfrage kam, ob ich bei der nächsten Ausgabe der Fernsehshow »Let's Dance« mitmachen möchte, habe ich keine Sekunde gezögert. Es ist ein tolles Format, und es war für mich eine Super-Herausforderung. Damals habe ich gedacht: Wow, da kann ich bestimmt ganz viel für die Manege lernen. Diese Art von Tanzen konnte ich ja überhaupt nicht. Das war etwas völlig Neues.

Natürlich habe ich mir sofort die alten Staffeln angeschaut, um optimal vorbereitet zu sein. Aber ich habe mir – ehrlich gesagt – keine großen Chancen ausgerechnet. Ich war die Unbekannteste im Cast. Da waren viel bekanntere Leute, mit einer riesigen Fanbase, und es geht natürlich auch immer darum, dass man genügend Fans und Unterstützer für sich begeistert. Was das anging, musste ich fast bei null beginnen. Doch ich hatte das riesige Glück, dass ich mit Massimo Sinató tanzen durfte. Er ist *der* Profitänzer bei »Let's Dance«, er hat mehreren Promis zum Sieg verholfen und allein dadurch einen riesengroßen Bekanntheitsgrad. Er hat seine Fans schon mit in unser Team *gebracht*. Das hat mir große Sicherheit gegeben, denn ich hatte das Gefühl, ich tanze hier mit einem Profi *und* einem Promi zugleich. Als er die Entscheidung verkündete, er wolle mit mir tanzen, fiel mir wirklich ein Stein vom Herzen. Das ist nämlich von Anfang an mein heimlicher Wunsch gewesen, mit ihm, dem besten Tänzer und Lehrer, zu tanzen. Aber es hätte natürlich gut sein können, dass er sich jemanden viel Bekannteres aussucht. Und bestimmt wollen alle Frauen mit ihm tanzen, dachte ich mir. Er ist ein super Tänzer, ein super Choreograf und eine beeindruckende Persönlichkeit. Und natürlich wünschte ich mir das auch, weil wir beide Italiener sind. (Wir haben am Ende übrigens gemischt gesprochen, Italienisch und Deutsch. Das war wie eine Geheimsprache. Auch im Studio, wenn die Kamera nicht lief.)

Und dann gingen die Proben in Köln los: jeden Tag acht bis zehn Stunden Training! Es waren echt lange, harte Tage. Ich würde sagen, dass ich wirklich sehr belastbar bin und gute körperliche Voraussetzungen habe, aber das war etwas ganz anderes als im Zirkus – eine andere Form der Kondition und Beanspruchung ganz anderer Muskeln. Die für den Standardtanz benötigten Muskeln waren bei mir durch die Kontorsion nicht so austrainiert. Auch wenn man es nicht vermutet, aber mehr, als auf einer Bühne zu stehen, haben der Tanz und meine Akrobatik technisch nicht miteinander zu tun.

Es war echt schwer für mich, diese ganzen Schritte zu lernen und mir zu merken. Jeder Tanz war komplett anders und es waren so viele komplexe Bewegungsabläufe, auch wenn jeder Tanz immer nur eine Minute dauerte. Im Zirkus hatte ich viel mehr Zeit, um an meinen Darbietungen zu feilen. Dort trat ich erst vor Publikum auf, wenn ich hundertprozentig zufrieden mit mir war. Und jetzt sollte ich in vier Tagen ganze Choreografien einstudieren und auftreten? Im Fernsehen? Da ist mir erst bewusst geworden, was für ein Luxus das im Zirkus ist: So lange an einer Show zu arbeiten, bis man selbst damit zufrieden ist. Am Anfang war ich wirklich wahnsinnig frustriert, weil ich ständig dachte, ich sei nicht gut genug. Oder dass ich noch zu viele Fehler mache und dass es überhaupt nicht das sei, was ich eigentlich könnte. Massimo hat dann gesagt: »Hey, es wird schwierig, dass du einen Tanz schaffst, ohne Fehler zu machen. Du musst einfach akzeptieren, dass du nur vier Tage hast und nicht vier Jahre. Du wirst es nur so gut machen, wie du es in dieser Zeit schaffst.«

Daran musste ich mich gewöhnen, und ich musste diesen Gedanken *Wenn ich ein bisschen mehr Zeit hätte, wäre ich viel besser*, konsequent beiseitewischen. Es machte mir ein ungutes Gefühl, mit etwas Nicht-Perfektem vor das Publikum zu treten. Dafür fehlte mir am Anfang die Selbstsicherheit. Aber glücklicherweise ging es von Woche zu Woche besser. Ich lernte, damit umzugehen.

Neu für mich war auch, dass es plötzlich eine Jury gab, die mich bewertete – was für eine Umstellung! Das kannte ich überhaupt nicht aus dem Zirkus, dass ich direkt nach meinem Auftritt so eine knackige Kritik bekomme. Zu Beginn der Staffel bekam ich das manchmal gar nicht richtig mit. Da war ich noch so mit dem letzten Tanz beschäftigt und überlegte, was ich falsch, was ich richtig gemacht habe. Die Kritik der Jury musste ich mir hinterher immer noch einmal in der Aufzeichnung ansehen, damit ich wusste, was sie mir eigentlich mitgegeben hatten.

Ich mochte die Jury unheimlich gern. Die Mitglieder waren alle vollkommen unterschiedlich. Für mich war es einfach die beste Jury, die man zusammenstellen konnte: Jorge ist wahnsinnig lustig, liebenswert, nett, und er gibt einem eine solche Power. Motsi ist superemotional und perfektionistisch, selbst Tänzerin und weiß natürlich, wie jeder Schritt einer Frau auszusehen hat. Von ihr konnte ich sehr viel lernen. Herr Llambi ist ein strenger Richter, aber ich habe mich gut mit ihm verstanden. Ich mag Kritik wahnsinnig gern. Das mag seltsam klingen, aber ich finde, wenn man gelobt wird, dann steht man da und sagt »Danke«, aber es bringt einem nichts, man entwickelt sich nicht weiter. Deshalb ist es mir viel lieber, wenn ich weiß, was ich noch verbessern kann. Ich habe es sehr geschätzt, dass Herr Llambi immer noch etwas gefunden hat. Dann wusste ich, woran ich arbeiten konnte und musste.

Hinter den Kulissen war es übrigens sehr viel lockerer. Wenn wir uns untereinander unterhielten, ging es meist gar nicht um das Tanzen. Meistens tauschten wir uns über Bekannte oder Orte und Shows aus, etwa so: »Kennst du den?«, »Warst du da mal?«.

Was ich von Anfang an mochte, waren die Kostüme. Mein Lieblingskleid war das schwarze Tangokleid, in dem ich den ersten Tanz in der ersten Folge tanzen durfte. Am Abend des Finales trat ich sogar ein zweites Mal darin auf. Die Musik musste ja immer passend zum Tanz sein, da war die Auswahl schnell klar. Mein Highlight war es, zu mitreißender Filmmusik den Freestyle-Tanz mit Massimo zu performen.

Am schwierigsten während der gesamten Staffel waren für mich die Standardtänze. Ich bin durch meine Ausbildung und das Artistentraining sehr flexibel und weich im Rücken. Und jetzt musste ich diese supergerade Haltung einnehmen – dabei bin ich ja mehr wie eine Spaghetti. Diese Körperbeherrschung und die Genauigkeit in der Geschwindigkeit – das war eine echte Herausforderung für einen so *weichen* Menschen wie mich. Ich dachte immer, ich stehe doch gerade, dabei stand ich da wie ein »S«, und der Arm hing sonst wo. Ehrlich, ich stand in allen möglichen Formen da – außer gerade!

Dazu kam, dass an mich besondere Erwartungen gestellt wurden- weil ich von der Bühne kam, weil meine Arbeit als Artistin eine körperliche war. Der Druck war viel größer. Ich wusste: Ich bin Zirkusartistin, ich darf es jetzt nicht völlig verhauen. Und ich repräsentiere den Namen *Roncalli*. Dreizehn Wochen lang immer allen Erwartungen zu entsprechen, war nicht einfach. Außerdem gab es Tänze, die mir nicht so lagen, wie zum Beispiel Slowfox.

Ab der Mitte der Staffel hatte ich dann schon ein bisschen vom Finale geträumt. Auch wenn ich wusste: Es war absolut offen, wer von uns vier Favoriten es bis ins Finale schaffte. Wir lagen in der Punktewertung jedes Mal ganz dicht beieinander.

Bei den Proben gab es zudem noch einen schlimmen Zwischenfall: ein Unfall mit Massimo. Wir stießen während eines Tanzes mit den Köpfen zusammen, und er wurde ohnmächtig. Auch mir hatte es sehr wehgetan, aber ich glaube, ich hatte einfach den besseren Punkt am Kopf erwischt. Manchmal sind es ja nur Zentimeter, die entscheidend sind. Als Massimo das Bewusstsein verlor, hatte ich mich wahnsinnig erschreckt und nur gedacht: Oh wei, was hast du da angestellt?

Wir nahmen diesen Teil der Choreo dann heraus. Ich glaube, da ist die Nervosität mit mir durchgegangen. Wir standen vor dem Halbfinale. Ich hatte diese wahnsinnig starken Mitbewerber, und die hatten nun sogar noch denselben Tanz, und es gab den direkten Vergleich. Ich war einfach zu nervös, und da passierte mir dieser Fehler. Zum Glück hatte es keine ernsten Konsequenzen – Massimo war nichts Schlimmes passiert. Alles andere wäre auch furchtbar gewesen. Wir konnten zum Glück weitermachen.

Der nächste Schock für mich war, als mitten in der Staffel der erste Corona-Lockdown begann. Es durfte kein Publikum mehr im Studio sein. Auf einmal fanden auch keine Zirkusshows mehr statt, und meine Familie sowie Geraldine und ihre Familie waren in Köln. Es war eine Ausnahme, dass alle vor Ort waren und »Let's Dance« verfolgen konnten. Geraldine war eigentlich jede Woche bei mir und begleitete mich. Sie hat alles mit mir erlebt. Und es ist das Beste überhaupt, wenn man eine Freundin hat, mit der man hinterher über alles reden und lachen kann, wenn mal etwas schiefgelaufen ist.

Das Halbfinale war so spannend für uns alle, weil wir wirklich nicht wussten, wen es trifft, wer nicht weiterkommt oder wer dabeibleibt. Als die Jury die Finalisten verkündete, konnte ich es nicht glauben: Wir sind dabei! Massimo und ich standen plötzlich im Finale.

Von diesem Moment an dachte ich gar nicht mehr an das Gewinnen oder Nicht-Gewinnen. Die Zeit war so knapp, ich musste drei verschiedene Tänze lernen – innerhalb von vier Tagen! Gleichzeitig hatte ich so viele Schritte und Choreografien im Kopf, und obendrein musste ich wahnsinnig viele Interviews geben … Am Finaltag selbst war es sehr hektisch, erst musste ich zum Hairstyling, dann zur Kostümprobe. Ich war so eingespannt, dass ich nicht einmal richtig zum Essen kam. Bei all der Aufregung dachte ich überhaupt nicht mehr an diesen Pokal. Der kam mir erst wieder in den Sinn, als Massimo und ich auf dem Parkett vor der Jury standen. Oh, dachte ich in diesem Moment, das wäre jetzt ja echt möglich, dass ich diesen Pokal gewinnen kann.

Mit Massimo hatte ich nie übers Gewinnen an sich gesprochen. Es ging immer nur um das Erreichen des Finales. Dass wir es bis dahin schaffen. Ich glaube, darum war die Woche davor auch viel, viel aufregender für mich. Natürlich war ich da total angespannt, weil ich ständig dachte: Ich will ins Finale! Das muss ich schaffen!

Und als dieses Ziel erreicht war, fühlte ich mich superglücklich. Hey, ich durfte jede Show tanzen, ich bin die ganze Zeit dabei gewesen! Morgen ist es für uns alle vorbei, und darum ist es jetzt irgendwie egal. Aber ich wollte natürlich gut sein und mein Bestes geben. In der Show, nach dem Auftritt, stand ich neben dem diesem großen, glänzenden Pokal und dachte zum ersten Mal: Ach, ich würde ihn schon ganz gern mit nach Hause nehmen. Die Sekunden bis zur endgültigen Entscheidung ließ ich die Jury nicht mehr aus den Augen: Wie gucken sie in ihre Karten, wen schauen sie jetzt an, und wie schauen die denjenigen oder diejenige an? Gleich würde die Jury das Gewinnerteam bekannt geben ...

Als dann mein Name verkündet wurde, habe ich mich fast erschreckt. Was?! Ich habe tatsächlich gewonnen? Und dann fiel ich auf den Boden. Ich sackte einfach zusammen. Der ganze Abend, die 13 harten Wochen, hatten doch ihre Spuren hinterlassen. Dieser Druck, egal wie toll man tanzt, egal wie viele Punkte man sammelt – wenn die Zuschauer dich nicht unterstützen, fliegt man raus. Außerdem möchte man im Finale niemanden enttäuschen. All die Menschen, die für mich angerufen und gestimmt haben, meine Eltern, meine Geschwister. Ich wollte allen zeigen, dass ich es verdiente, dort zu stehen. Ich wollte alles dafür geben, und das habe ich getan. Und dann wurde mein Name gesagt, und ich wusste: Irgendwie habe ich es richtig gemacht! Das war so eine unglaubliche, riesige Erleichterung.

Im Nachhinein kann ich nur sagen: Massimo hat mir so sehr geholfen! Ich wär' sonst viel nervöser gewesen. Die ganze Zeit über, bei jeder Folge. Aber ich wusste, ich hatte nicht nur den besten Tänzer an meiner Seite, sondern auch jemand extrem Kreativen. Er hatte immer die Choreografien so passend gemacht, dass ich am Ende gut aussah. Ehrlich gesagt, gab es Schritte, die ich überhaupt nicht konnte, und Massimo hat die Figuren und Abfolgen dann umgestellt, sodass es für mich optimal war. Außerdem hatte er mich mental unterstützt. Zum Beispiel hatte er mir gesagt: »Lass dich nicht ablenken, schau gar nicht bei den anderen zu. Das nimmt dir nur die Konzentration.« Mit seiner jahrelangen Erfahrung, als Tänzer, Trainer und Choreograf, kennt er sich einfach wahnsinnig gut aus. Er ist auch eine unglaublich tolle Persönlichkeit. Wir haben diesen Pokal zu zweit gewonnen, ich hätte das nicht allein geschafft. Er hat einen riesigen Teil dazu beigetragen, und ich habe sehr großen Respekt vor seinem Talent. Es hat seinen Grund, warum gerade er so oft im Finale von »Let's Dance« stand – mit den unterschiedlichsten Tanzpartnerinnen. Das muss man erst einmal schaffen!

Ich bin unglaublich dankbar für die Zeit in der Show. Ich habe viel gelernt und konnte ganz viel für mich mitnehmen: einerseits natürlich alles Tänzerische. Ich habe völlig neue Bewegungen, Kombinationen und Schritte gelernt, und meine Körperhaltung hat sich verbessert. Das ist für meine Zirkuskarriere ebenfalls von großem Vorteil.

Andererseits habe ich gelernt, wie wichtig es ist, Teil eines Teams zu werden, mit den Menschen zu sprechen und mir dafür gezielt Zeit zu nehmen. Es geht nicht immer nur ums Trainieren, Trainieren und noch mehr Trainieren. Bei »Let's Dance« geht es nicht nur um die bloße Leistung, sondern auch um Sympathien.

Ich hatte mir vor der Teilnahme keine großen Gedanken gemacht und war da einfach so reingeschlittert. Ich war so, wie ich immer bin. Wahrscheinlich war ich nicht der gesprächigste Mensch der Staffel.

Auf manche wirkte ich bestimmt sehr verschlossen. Aber ich bin nun mal sehr zurückhaltend. Bei Instagram poste ich nur wenig Persönliches – okay, manchmal ... von Familientreffen. Aber alles in allem bin ich eher schüchtern. Ich bin auch nicht der Typ, der immer und überall Leute kennenlernt. Natürlich hatte ich mir auch Gedanken darüber gemacht, ob und wie das in dieser Fernsehwelt funktioniert, neben diesen lauten, auffälligen – manchmal schrillen – Menschen. Es gibt nun mal viele Menschen, die ganz offen und leicht alles von sich erzählen.

So bin ich nicht; ich bin da eher vorsichtig. Und das ist im *echten Leben* genauso wie auf Instagram. Ich mache nicht einfach alles mit. Events suche ich sehr, sehr bewusst aus. Ganz ehrlich: Mir ist eine kleine Runde viel lieber, mit Menschen, die kenne, denen ich vertraue und die ich mag. Mein idealer Abend sieht so aus: gemütlich zu Hause oder schön essen gehen, mit Freunden zusammen sein.

Mein Privatleben ist mir wahnsinnig wichtig. Im klassischen Sinn wollte ich nie bekannt oder berühmt werden. Das ist einfach so passiert. Mein Herz hängt

nicht an der Zahl meiner Follower oder an Einschalt-
quoten. Ich renne nichts hinterher. Es kommt, wie es
kommt, und ich bin dankbar für die Menschen, die
mich mögen, die mir folgen und die Spaß an dem haben, was ich mache.

Aber jetzt freue ich mich auf die Tour von »Let's
Dance« und darauf, die ganze »Let's Dance«-Fami-
lie wieder zu sehen. Auch wenn wir alle privat nichts
groß miteinander zu tun haben, läuft man einigen
doch irgendwo über den Weg. Ganz besonders in
den Produktionsstudios in Köln, da macht einer dies,
der andere das. »Let's Dance« hat mir da tolle Chancen eröffnet. Schließlich und endlich ist alles, was
ich nach »Let's Dance« für das Fernsehen gemacht
habe, irgendwie daraus erwachsen. Das war ein riesiges Glück. Ganz besonders im Verlauf der Corona-
Zeit 2020, als alle Zirkusse und Varietés geschlossen
wurden. Fast alle meiner Artistenkollegen und -kol-
leginnen konnten nicht arbeiten und mussten untä-
tig zu Hause sitzen. Die hatten es wahnsinnig schwer.
Dass ich genau in dieser Zeit die Möglichkeit hatte,
etwas anderes, Neues auszuprobieren, war natürlich

ein wahnsinniges Geschenk. Auch wenn es in den Shows wegen Corona leider kein Livepublikum gab – es hätte für mich keinen besseren Zeitpunkt gegeben. Ich bin ehrlich froh, dass ich meinen Einstieg in das Fernsehgeschäft über »Let's Dance« hatte. Die Produktion lief über drei Monate, und es ging hauptsächlich um Auftritte. Das war für mich also gar nicht so anders als die Zirkuswelt und mehr eine Art Mittelding – und somit ein guter Übergang in diese neue Welt.

Neu für mich war nur dieses Konkurrenzgefühl. Denn ein »Gegeneinander-Antreten«, einen Wettbewerb, gibt es im Zirkus nicht. Wir Zirkusleute arbeiten alle darauf hin, dass sich eine gute Gesamtshow ergibt. Aber bei »Let's Dance« – wie in den meisten anderen Fernsehshows – war plötzlich eine Person die beste und eine die schlechteste. Damit umzugehen, musste ich erst einmal lernen, denn im Zirkus kommt der Applaus des Publikums, und das ist dann deine Bewertung.

Und ich muss sagen, immer, wenn am Ende meiner Nummer der Applaus kommt, ist das für mich ein Gefühl wie wunschlos Glücklichsein. Das, was ich mir für mein Leben ausgesucht habe, meine Kontorsionsnummer, gefällt anderen Menschen, und das erfüllt mich wiederum und spornt mich an.

Wie viele Leute gibt es, die sich ihren Kindheitstraum erfüllt haben? Die das tun dürfen, was sie am meisten lieben? Ich habe das Glück, dass ich genau das machen darf: vor Publikum an schönen Orten auftreten!

Natürlich bin ich auch mal nicht zufrieden mit mir. Manchmal verhaue ich einen Trick, oder es ist nicht so optimal gelaufen, wie ich es mir vorgestellt hatte. Nicht zu 100 Prozent. Das ärgert mich schon. Denn ich habe ja nur einmal die Chance, mein Publikum an diesem Tag zu begeistern. Und wenn ich aus der Manege gehe und denke: Die haben nicht die beste Version von mir gesehen, das ärgert mich sehr. Aber man muss lernen, zu akzeptieren, dass man halt nicht immer perfekt sein kann. In der Manege nicht – und auch nicht im Leben.

Nachwort

Nun wisst ihr, was bisher so in meinem Leben passiert ist. Vielleicht konnte euch die eine oder andere Geschichte helfen oder hat euch auf neue Ideen gebracht?

Ich gucke voller Spannung auf alles, was da in Zukunft kommt. Ich freue mich auf neue Herausforderungen. Es gibt noch so viel zu lernen und zu sehen. Also, bleibt neugierig und denkt vor allen Dingen daran: Wenn ein Trick mal nicht klappt oder wenn man fällt, dann steht man auf und probiert es noch einmal. Vergesst nie: Alle, die zuschauen oder auf der Tribüne sitzen, können es auch nicht besser. Seid mutig, wagt, denn es gibt nur einen wirklichen Fehler: Es nicht zu versuchen. Und immer dran denken: Alles, was mit Liebe gemacht wird, wird auch geliebt!

Ich wünsche euch das Beste.

Alles Liebe, eure

Bildnachweis

© privat: 1, 2, 3, 4, 5, 7, 8, 9, 10, 12, 13, 14, 15, 16,
   17, 20, 21, 22, 23, 25, 26
© RoncalliArchiv/privat: 6
© Circus-Theater Roncalli: 18, 19, 24, 27
© Apollo Varieté: 11

www.lilipaulroncalli.com

www.roncalli.de

Instagram: @lillypaul